话说
中国

枪炮轰鸣下的尊严(上)

1840年至1911年的中国故事

汤仁泽 著

上海故事会文化传媒有限公司

上海锦绣文章出版社

总顾问：李学勤
总策划：何承伟

本卷顾问：熊月之

主编：　刘修明
副主编：陈祖怀

正文作者（按卷次先后排列）

《创世在东方》　　　杨善群　郑嘉融
《诗经里的世界》　　杨善群　郑嘉融
《春秋巨人》　　　　陈祖怀
《列国争雄》　　　　陈祖怀
《大风一曲振河山》　程念祺
《漫漫中兴路》　　　江建忠
《群英荟萃》　　　　顾承甫　刘精诚
《空前的融合》　　　刘精诚
《大唐气象》　　　　刘善龄　郭　建
　　　　　　　　　　郝陵生
《变幻中的乾坤》　　金尔文　郭　建
《文采与悲怆的交响》程　郁　张和声
《金戈铁马》　　　　程　郁　张和声
《集权与裂变》　　　胡　敏　马学强
《落日余晖》　　　　孟彭兴
《枪炮轰鸣下的尊严》汤仁泽

辅文作者（按姓氏笔画排列）

马学强　王　俊　王廷洽　王保平　王景荃
田　凯　田松青　仲　伟　江建忠　刘善龄
刘精诚　汤仁泽　杨善群　杨　婷　李　欣
李国城　何继英　张　凡　张和声　张振华
陈先行　陈祖怀　苗　田　金尔文　周雪梅
郑嘉融　宗亦耘　孟彭兴　胡　敏　赵冬梅
秦　静　栗中斌　顾承甫　殷　伟　郭立暄
盛巽昌　崔　陟　崔海莉　程　郁　程念祺

图片提供

文物出版社、河南博物院、巩义博物馆、
徐州博物馆、徐州汉兵马俑博物馆等单位
及（按姓氏笔画排列）王保平　山口直树
田　凯　田松青朱　林仲　伟　孙继林
杨清江　李国城　何继英　陈先行　欧阳爱国
赵　勇殷　伟　徐吉军　郭立暄　郭灿江
阎俊杰　翟　阳　薄松年等
本页长城照片由陈健明拍摄

梦想与追求

何承伟

为 最 广 大 读 者 编 一 部 具 有 现 代 意 识 的 历 史 百 科 全 书

出 版 说 明

> 中国是一个拥有五千年灿烂文明史、又充满着生机与活力的泱泱大国。中华民族早就屹立于世界的东方，前赴后继，绵延百代。

> 作为中国人，最为祖国灿烂的过去与崛起的今天感到骄傲。

> 作为中国的出版人，义不容辞地以宏大的气魄为广大热爱中国历史的读者，承担起传播这一先进文化的责任：努力使中国历史文化出版物，与中国这样一个拥有五千年文明史的过去相适应，与当代中国日新月异的发展现实相适应，与世界渴望了解中国的需求相适应。

> 人民创造了历史，历史又将通过我们的出版物回赠给人民，使中华民族数千年积累起来的灿烂文化成为当今中国人取之不尽的思想宝库，让更多的读者感悟我巍巍中华五千年光辉历史进程和整个中华民族灿烂的文明成果。

> 为此，我们作了大胆的探索：以出版形态的创新为抓手，大力提高这套中国历史读物的现代意识的含量，使图书能够真正地"传真"历史；以读者需求为本位，关注现代人求知方式与阅读趣味的变化，把高品位的编辑方针和大众传播的形式有机结合起来，独辟蹊径，创造一种介于高端读物与普及读物的独特的图书形态，努力使先进的文化为最广大的读者所接受。

> 经过多年的努力，这套融故事体的文本阅读、精彩细腻的图片鉴赏、便捷实用的检索功能于一体的中国历史百科全书——《话说中国》终于陆续与读者见面。这套书计15卷，卷名分别为：《创世在东方》、《诗经里的世界》、《春秋巨人》、《列国争雄》、《大风一曲振河山》、《漫漫中兴路》、《群英荟萃》、《空前的融合》、《大唐气象》、《变幻中的乾坤》、《文采与悲怆的交响》、《金戈铁马》、《集权与裂变》、《落日余晖》和《枪炮轰鸣下的尊严》）。

> 在《话说中国》这部书里，你将看到以故事体文本为主体的感性与理性的统一。

> 现代人对历史的感悟，最能产生共鸣、最能感到激动的文学样式是什么，是故事。是蕴涵在故事里的或欣喜或悲怆或高亢或低回的场面。这些经典场面令人感慨唏嘘，荡气回肠。记住了一个故事，也就记住了一段历史。故事是一个民族深沉的集体记忆，容易走进读者的心灵世界，它使读者在随着故事里主人公的命运起伏跌宕之时，不知不觉地与中国历史文化进行了"亲密接触"，从而让历史文化的精华因子，潜移默化地影响着我们的行为，净化着我们的心灵。因此，《话说中国》以故事体的文本作为书的主体。同时，它还突破了传统历史读物注重叙述王朝兴衰的框架，以世界眼光、一流专家学者的史识来探寻中国历史的发展脉络与规律；以密集的信息，弥补故事叙述中知识点不足的局限，从而使故事的感性冲击力与历史知识的理性总结达成高度的统一。它让读者既见树木，又见森林；既享受了故事所带来的审美快感，同时又能寻绎历史的大智慧。

> 在《话说中国》这部书里，你将看到互为表里的图与文的精彩组合。

> 当今社会已进入"读图时代"，这一说法尽管片面，但也反映了读者的需求。在这套书里的图片与通常以鉴赏为主的图片有很大不同：

> 图片内容涵盖面广。这些图片能够深入再现历史现实，立体凸现每一不同历史时期社会

生活各方面的发展变化。透过生动的"图片里面的故事"，可以体味其中蕴涵着的深刻内容，堪称是历史文化的全息图像。它们与故事体文本相关联，或是文本内容的画面直观反映和延伸，或是文本内容的背景补充，图与文珠联璧合，相得益彰。同时，纵观整套书的图片又分别构成了一个个独立的专门图史，如服饰图史、医药图史、书籍图史、风俗图史、军事图史、体育图史、科技图史等等。

> 图片的表现形式极其丰富。这套书充分顾及现代读者的读图口味，借助现代化手段尽量以多种面貌出现，汇集了文物照片、历史遗址复原图、历史地图与示意图、透视图以及科学考古发掘现场照片在内的三千余幅图片。既有精炼简洁的故事，又有多元化的图像，读者得到的是图与文赋予的双重收获。

> 创造了一种新的读图方式。书中的图片形象丰富，一目了然，具有"直指人心"的震撼力，但在阅读过程中，尤其是在欣赏历史文化的图片中，这种震撼力很难使读者感悟到。原来他们是凭自己的文化底蕴和生活积累在品味和理解书中的图片。两者一旦产生矛盾，就不可能碰撞出火花。本书作为面向大众的出版物创造了一种全新的阅读环境：改造我们传统的图片的文字说明，揭示图片背后的信息，让读者在读完这些文字后，会产生一个飞跃，对第一眼所看到的图片有一种新的发现和新的认识。

> 在《话说中国》这部书里，你将看到一个充满数字化魅力的历史百科知识体系。

> 数字化给我们的社会生活带来了许多崭新的变化，作为文化产品的创新也不例外。为此，我们在这套信息密集型的中国历史百科全书里，大量运用了在电脑网络上广泛使用的关键词检索方式，以关键词揭示故事内核，由此来检索和使用我们的故事体文本与相关知识性信息。这套书的信息化、网络化、数字化，充分表现了中华民族不但有自强不息的过去时，前进中的现在时，而且还有充满希望的将来时。

> 一则故事，一幅图片，一个关键词，都是某个有代表性的"点"，然而这个点不是孤立的存在，而是一个有意义的叙事单位。它是中华民族的文明亮点，折射了我们民族的文化性格。把这些亮点连接起来，就会构成一条历史之"线"，而"线"与"线"之间的经纬交织，也就绘成了历史神圣的殿堂。点、线、面三维一体，共同建构着上下五千年的民族大厦。

> 著名科学史家贝尔纳曾说："中国在许多世纪以来，一直是人类文明和科学的巨大中心之一。"我们知道，印刷是中国引以为骄傲的四大发明之一，中国出版在世界出版史中，曾留下许多脍炙人口的灿烂篇章。然而近代中国出版落后了，以至于到今天与发达国家相比，无论是在出版技艺上，还是在出版理念上，都存在着不小的差距。我们在本书的出版过程中善于学习、消化与借鉴，"洋为中用"，充分发挥"后发优势"，努力把世界同行在几十年中创造的经验，学习、运用到这套书的编辑过程中，以弥补两者之间的差距。事实证明，只要我们努力了，只要我们心中有了读者，我们一样可以后来者居上。

> 中国编辑中的一位长者曾说过这样一段话："我们没有显赫的地位，却有穿越时空的翰墨芳芳；我们没有殷实的财富，却有寄托心灵的文化殿堂。"

> 在编辑这套书的过程中，我们深深感到，中国历史文化太伟大了，无论你怎样赞美，都不为过；中国历史文化又太神奇了，无论你以何种方式播种，都会有意想不到的收获。今天，我们所撷取的，只不过是其中的一朵小花，还有更多更美的天地需要人们进一步去开拓。

现代人与历史

上海社会科学院研究员　刘修明

> 历史与现代人有什么关系？历史对现代人有什么用？这并非每一个现代人都能正确回答的问题。

> 过去的早就过去了。以往的一切早已灰飞云散，至多只留下遗迹和记载。时光不能倒流，要知道过去干什么？历史无用的混沌和蒙昧，不是个别现象。在科学技术高度发达的现代社会，人们更易对远离现实的历史轻视、淡漠。对历史无知而不以为然的人，不在少数。

> 不能简单地指责这种现象。一旦通过有效途径缩短了现代人和历史的距离，人们就会从生动形象的历史中取得理性的感悟，领悟历史的哲理，开发睿智，从而加深对现代社会文明的认识，使现代人的认识和实践达到一个新的层次。那时，人们就会有一个共识：历史和现代是承续的。历史是现代人生存和发展不可缺少的内容。历史和现代人是不可分的。

> 祖国的历史是一部生动的、博大精深的启迪心智的教科书。中国历史是独树一帜的东方文明史。承载中华文明的中国历史，在她形成发展的曲折而漫长的过程中，从未中断过（不像埃及、两河流域、印度文明或中断或转移或淹没）。她虽然历尽坎坷，备尝艰辛，却始终以昂首挺立的不屈姿态，耸立在亚洲的东方。即使从19世纪上半叶开始的对中华文明一个多世纪的强烈冲击和重重劫难，也没有使曾创造过辉煌的中华文明沉沦，反而更勃发了新的生机。中国的历史学家从孔子、左丘明、司马迁开始，持续不断地以一种不辜负民族的坚韧精神，把中华民族放在辉煌与挫折、统一与分裂、前进与倒退、战争与和平、正义与邪恶的对立统一的辩证过程中，将感悟到的一切，记录在史册上。以一笔有独特美感并凝结高超智慧的精神财富，绵延不绝地传承给一代又一代炎黄子孙，从而成就了中华民族及其创造的文明的延续和发展。中华文明的创造和中国历史的记载是不可分的。中国历史是兼容时空又超越时空的中华文明有形和无形的载体。

> 英国哲学家培根说过："历史使人明智。"历史的经验是前人付出巨大的代价（甚至生命的代价）才总结出来的。历史经验包蕴着发人深思的哲理。要深刻地了解现实，理智地面对将来，就应当自觉地追溯历史。现代人只有了解历史，才能感受历史启迪现

总　序

实的无穷魅力。唯有从历史的经验与哲理感知杂乱纷纭的现实，才能体会历史智慧的美感和简洁感。

> 这种由历史引发的智慧、魅力和美感，对丰富一个人的生命内涵，提升人的素质，是非常重要的。我们强调人的素质，但素质的基本内涵是什么，却未必很清楚。我认为，人文素质应该是人的素质的基本内涵。一个人的人文素质是由他所属的民族几千年文化创造的基因，积淀在他的血液和灵魂中形成的。以文史哲为主体的人文教育，对人的素质提高具有特别的价值。而中国历史往往又是文史哲三位一体的糅合和载体。只重视外语、电脑教育而忽视人文教育的偏向应引起重视并加以纠正。这种素质教育应当起步于一个人的青少年时代。对祖国的热爱，民族自信心的树立，正确的人生观、价值观的确立，都离不开对祖国历史的了解。只有这样的人，才能立志报效祖国和中华民族，并以他们的不断传承和新的创造，继续为人类文明的发展作出新的贡献。在共同文化血脉上发展起来的十三亿中国人和五千万在世界各地的华人，都应有这样的共识，都应承担这样的责任。

> 了解祖国的历史，可以从简明的历史教科书入手，也可以从浩瀚的史籍中深究。关键是引起读者的阅读兴趣。我们这里提供的是一本图文并茂用故事形式编写的中国历史。中国有一本几乎家喻户晓、发行量达几百万册的出版物：《故事会》。这是上海文艺出版总社的名牌刊物，在社会上有很大的影响。何承伟先生从几十年编辑的成功实践中，提出了这样一部以图文并茂的故事形式并包含巨大信息量的中国历史百科全书的设想。在众多学者的参与和合作下，成就了这样一部新体裁的中国通史《话说中国》。它生动形象、别开生面的编写方式，使包括老中青在内的现代中国人，都可以轻快地从这部书中进入中国历史宏伟的殿堂，从中启迪心智，增加知识，开拓眼界，追溯历史，面对未来。它把传统的教育和未来的展望，有机而和谐地结合在一起，引导当代中国人顺应悠久古老的中国文明融注世界发展的现代潮流，以期为世界的文明发展作出新的贡献。我们相信，凝聚了几十位学者和编者多年努力的这部书，一定会为这种贡献尽其绵薄之力，发挥其应有的作用。

目录

出版说明

梦想与追求——为最广大读者编一部具有现代意识的历史百科全书 004

何承伟

一位从事出版工作30年的资深编辑对出版创新的领悟和尝试

总序

现代人与历史 006

刘修明

著名学者解析中华历史如何与现代读者对话,现代人如何走进历史深处

专家导言 010

熊月之

晚清史专家谈其对晚清历史的最具心得的研究精华

把中国历史的秀美景致尽收眼底 012

本书导读示意图

前言 016

1840年至1911年

风云变幻的晚清七十年——清后期

汤志钧

晚清在枪炮声和耻辱中走过来了,穿过黑暗的隧道,终于望见了晨曦,经过奋斗,中国人终于结束了两千年的封建王朝,一千三四百年的科举制度。历史总是随着时代车轮前进着的。即使有时退一步,也要进两步……

○○一 林则徐进京 026
近代开眼看世界第一人

○○二 虎门销烟 029
敢于和西方殖民者对抗,这在当时是从来没有的

○○三 定海三总兵 032
爱国军民,同仇敌忾

○○四 关天培 035
坚守炮台,以身殉国

○○五 三元里抗英 037
近代民众抗击外国侵略者的第一场战斗

○○六 魏源和《海国图志》 039
当时最完备的世界史地巨著

○○七 陈化成血洒吴淞口 041
他是这样当上上海"城隍"的

○○八 姚莹与台湾军民抗英 044
大陆海岛,同仇敌忾。众志成城,合力抗英

○○九 帝师杜受田 047
历史真会与人开玩笑,一个嘱咐,尘埃落定

○一○ 洪秀全与《劝世良言》 049
这本小小的册子,竟改写了他的人生

○一一 金田起义 051
它从此载入史册

○一二 天朝田亩制度 053
它是太平天国的理想

○一三 潘起亮和上海小刀会 056
农民运动彼此都是相连的

○一四 东王当家 059
他一意孤行,将会有怎样的结果呢?

○一五 曾国藩出山 062
这是一支由血缘准血缘业缘乡缘凝结的武装

○一六 湘军水师 064
一个军事常识:谁掌握制海权,谁就能胜利

〇一七　天京内讧　066
两个太阳是不可能同时升在天空中的

〇一八　石达开出走　068
不合则分，农耕社会比较明智的做法

〇一九　太平天国戊午八年　070
关键的一年，转折的一年

〇二〇　洪仁玕到天京　072
他是太平天国最有学问的人

〇二一　火烧圆明园　074
当人陷入堕落，比恶兽更野蛮百倍

〇二二　宠臣肃顺　077
咸丰一朝最有能耐的权臣

〇二三　皇弟奕䜣　079
多元性格，立体行为，皇室骄子，弄潮小儿

〇二四　祺祥政变　081
先行一步，赢得了宝贵的时间

〇二五　垂帘听政　084
日暮途穷，一种被扭曲了的封建政治体制

〇二六　太平军痛击"洋枪队"　086
为拯救自己所借用的外力，不堪一击

〇二七　李鸿章创建淮军　088
一支维护大清国统治的新型军队

〇二八　翼王末路　090
他没有建立根据地，流动作战越打越被动

〇二九　苏州杀降　092
目的是掠夺财物，扩大既得利益

〇三〇　天王多妻　095
妻子按数码为记，真是别出心裁

〇三一　王府夕照　098
一封为王，就造王府。悠悠万事，唯此为大

〇三二　天京失陷　101
时来天地俱同力，运去英雄不自由

〇三三　李秀成被俘　103
古今中外最长的一份农民"自述"

〇三四　干王就义　105
毕竟是书生，政治思想家未必就是军事家

〇三五　高楼寨之战　107
可为骄者必败戒

〇三六　《上海新报》　109
近代上海的半部文化史

〇三七　江南制造总局　112
冲出中世纪必须走的一步

〇三八　数学家李善兰　115
落后的国家，先进的数学

〇三九　红顶商人　117
白手起家，熟谙官场，时代机遇，一生传奇

〇四〇　火烧望海楼　121
游戏规则：洋人怕百姓，百姓怕官，官怕洋人

〇四一　电报和铁路　124
中国走向近代化的一大接轨

〇四二　买办唐廷枢　128
官商合一，从洋行买办到洋务派官员

〇四三　洋务派办留学　130
迈出国门，谈何容易

〇四四　沈葆桢台湾视察　133
有备则制人，无备则制于人

〇四五　王韬办报　136
知识分子蔑视政治家，政治家蔑视知识分子

〇四六　左宗棠收复新疆　139
最伟大的政治家，首先得有爱国理念

〇四七　曾纪泽争还伊犁　142
没有给中国带来更多失败和屈辱的外交官

〇四八　太监出京　144
没有老虎在后的狐狸，任何猎人都能徒手提住它

〇四九　叔嫂争权　146
同患难易，共富贵难

〇五〇　嗣皇帝的幕后　149
竟让一个女人成功地控制了中国半个世纪

〇五一　杨乃武与小白菜　152
本是民间常见的刑事案，却轰动朝野

〇五二　北洋水师　154
当时亚洲第一支最有实力的海军

〇五三　福建水师　158
船政是为了造船，也是为了巩固海防

〇五四　首任台湾巡抚　160
智者先胜而后求战，暗者先战而后求胜

〇五五　招宝山大炮　164
吴杰痛击法舰，孤拔受伤而亡

〇五六　黑旗军　166
本是反清势力，援助越南抗法

〇五七　镇南关大捷　168
近代中国对外战争唯一一次的大胜仗

聚焦：1840年至1911年的中国　172

专家导言

晚清史专家　上海社会科学院研究员　熊月之

> 从1840年鸦片战争开始到1911年清朝覆亡，史称晚清时期。

> 在中国历史上，这是一个极为特殊的时代。

> 这是中国面临千古变局的时代。在此以前，中国虽然早已与外族有了关系，但那些外族都是文化较低的民族，纵使他们入主中原，到头来也终归为以儒学为核心的中国文化所化。在中国接触的世界里，中国以老大自居，他国也以老大尊之。但是，到了晚清，情况大不一样。这时中国面对的英国、美国、法国等，绝非先前的匈奴、鲜卑、蒙古可比。一个是东方的亚洲，一个是西方的欧美。两个世界虽然在此前曾有过联系，有所了解，但那种联系是时有时无的，也是可有可无的，那种了解则是雾里看花，几分朦胧，几分臆想。到了晚清，中国的对手，既陌生又强大，突兀而来，猝不及防。中国被强行拖入世界格局，面临着旷古未有之变局。

> 这是一个边警频仍、烽烟弥漫的时代。西方列强一次又一次侵略中国，中国在战争中一次又一次败北，从两次鸦片战争、中法战争、中日甲午战争到八国联军之役。伴随着一系列战败而来的是一系列不平等条约，是不断的割地赔款、丧权辱国，是鸦片输入、商品输入、资本输入、文化渗透。中国由一个独立的主权国家，一步步滑向半殖民地的深渊。列强的侵略，激起中国人民强烈反抗，谱写了一曲曲悲壮激烈、可歌可泣的爱国主义篇章，林则徐严厉禁烟，关天培战死沙场，陈化成喋血炮台，左宗棠舆榇出兵，邓世昌以死尽节，义和团以血肉之躯抵挡洋枪洋炮。

> 这一时期，专制统治痼疾充分暴露，激起人民强烈反抗。面对外国侵略，清朝统治集团并不是不想抵抗，事实上他们持续进行了艰苦努力，从设制造局、办同文馆、创办海军、编练新军，到包括废科举、兴学校、改官制、允立宪在内的清末新政。对外，从战场到谈判桌，对内，从军事、经济、文化到政治，从道光、咸丰、光绪皇帝到慈禧太后，从林则徐、左宗棠到李鸿章、张之洞，可以说，他们都尽其所能地挽救危局，但是，还是不能扶大厦于将倾，国家情况日趋窳败，经济凋敝，吏治腐败，民不聊生。人民群众反抗专制统治的斗争此伏彼起。太平天国历十余年、占十余省，规模之大、人数之多、影响之广，为历史之最。

> 这是一个风云变幻、天崩地裂的时代。从秦始皇开始的延续两千多年的专制主义皇权统治到此画上句号，从隋唐开始的延续一千多年的科举考试制度到此成为历史，被视为如同日月经天、江河行地一样不可改变的三纲五常到此晃荡摇撼。

> 这是先进的中国人走向世界、见贤思齐的时代。他们通过世界地理知识，懂得中国不是天下中心而是万国之一，透过坚船利炮看到中国的积弱，透过厂矿银行看到中国的积贫，透过议会民主看到中国专制之病国，透过学校报刊看到中国民智之未开。有识之士，或呐喊于民间，或议论于士林，或呼吁于朝廷，从师夷制夷、求强求富、变法图存到倡导民权，从林则徐、魏源、冯桂芬、王韬、郑观应、康有为、梁启超到孙中

山、黄兴，奔走呼号，前赴后继，一波未平，一波又起。

这是一个欧风东渐、观念更新的时代。西方文化广泛输入，影响空前。在鸦片战争以前的中国，如果你讲氢气氧气、电压电流、分子元素、分解化合，世人不是莫知所云，便以为是海外奇谈；如果你问自转公转、地质构造是什么意思，细胞学说、光合作用是怎么回事，那么，即使是学富五车、才高八斗的鸿儒硕学，也只能张口结舌，无言以对；哪怕你问1、2、3、4代表什么，＋、－、×、÷是何用意，英吉利、美利坚、拿破仑、华盛顿是什么东西，在偌大的中国，能够知道的人也是寥若晨星。通过与西方的接触，通过墨海书馆、京师同文馆、江南制造局翻译馆、广学会、商务印书馆等机构所译的西书，通过《万国公报》《格致汇编》等报刊的传播，通过圣约翰书院、南洋公学等新式学校的灌输，到了清末，这些知识在中国已成为常识，小学生、中学生皆能言其详。今人习用的许多术语，诸如政治学、经济学、社会学、物理学等这个学、那个学，又如社会、政党、政府、民族、阶级、主义、思想、观念、真理、知识、唯物、唯心、主体、客体、主观、客观、具体、抽象等名词，都是那时确立的。

这一时期，中国经济、社会、文化缓慢嬗变、发展。经济方面，引进机器，开矿办厂，通轮船，建铁路，兴办商业，资本主义企业零星问世。社会方面，女子放足，移风易俗，宗法制度开始松动。文化方面，包括科学技术、典章制度和思想文化都在缓慢变化，逐步形成中国近代文化。这种近代文化，是中国古代文化在吸收了西方文化以后的延续和发展，其中有借用，有规抚，有创造。科学技术多为照搬，典章制度多为借鉴，思想文化或为吸收，或为改造。

晚清时期是一个社会巨变的时代，是一个新陈代谢的时代，传统与现代、东方与西方、侵略与抵抗、专制与民主、激进与保守、资本主义与小农经济，种种矛盾在这里交叉、汇合、冲突。这是中国以往不曾遭遇的时代，也是中国遭受过多屈辱的时代。明人张潮说过："读书最乐。若读史书，则喜少怒多。"这话落实到晚清史最为妥帖。当你看到英法联军火烧圆明园、慈禧太后挪用军费营造乐园、装备精良的北洋海军葬身海底、八国联军攻掠北京城、谭嗣同等戊戌六君子血洒菜市口这些故事，你能不胸闷气急、发竖眦裂吗？

当然，这也是中国开始觉醒的时代，开始走向近代化的时代，是一个孕育着希望的时代。

晚清时期人多事多，印刷技术空前发达，关于晚清史的资料极其繁富，用"汗牛充栋"已远远不能形容。晚清是去今不远的时期，一头连着古代，一头连着现代，发生在晚清的很多事情对今天中国还有影响。因此，晚清又是能够强烈吸引今人阅读兴趣的时期。本书作者从浩如烟海的资料中，截取若干片断、若干侧面，展示那段丰富、生动、奇特的历史。阅读本书以后，读者作何感慨，喜耶、怒耶、哀耶？激奋耶、沉思耶？抑或五味俱全、百感交集？则笔者不敢悬想。

本书导读示意图

《话说中国》作为融故事体的文本阅读、精彩细腻的图片鉴赏于一体的中国历史百科全书，其中包含着无数令人神往的中国历史的秀美景致，它们经纬交织，互为表里，形成了中华民族上下五千年的灿烂文明。

如同游览名山大川离不开导游和地图的指点，通过以下图例的导读提示，读者定能够尽兴饱览祖国历史美景，流连忘返。

随时感受历史文化的魅力与编纂创意的匠心

整个版面构成充分体现出本书以故事体文本为主体的特点，体现出本书作为历史百科全书的知识信息密集、图文并重的特点，使读者在本书任何一个页面上，都能感受到历史文化的魅力与编纂创意的匠心。

导读、段落标题与编号，能更好地理解故事精髓，更好地运用故事

为了更好地理解故事，在实际学习生活中运用故事，本书在故事体文本中，特地为读者准备了故事导读、故事段落标题与故事编号等三个重要内容。故事导读是概述故事精要，它与故事段落标题，都是为了让读者更好地理解故事的精髓，同时让读者以一种轻松便捷的方式快速获得文本重要信息。

人物、典故和关键词具有很大信息量和实用性

在每一则故事中，都有有故事核心内容（即故事内核）、故事人物等基本要素。本书将此提炼出来，标注在每则故事的右上角（加上故事来源），使之具有很大的信息量和实用性。

建构多元、密集的知识性信息，构成了全书另一个重要组成部分

以密集的信息，弥补故事叙述中知识点不足的局限，从而使故事的感性冲击力与历史知识的理性总结达成高度的统一。它让读者既见树木，又见森林，既享受了故事所带来的审美快感，同时又能寻绎历史的大智慧。如"中国大事记""世界大事记""历史文化百科"和图片说明文字等专栏中的有关内容，都是经过精心选择的练达的知识板块，既是历史知识的精华，又是广泛体现"活"的历史，体现当时社会人生百态，体现当时寻常百姓的寻常生活。

再现历史现实的图片系统

图片内容涵盖面广泛，能够深入再现历史现实，观赏效果细腻独到，立体凸现了每一不同历史时期社会生活各方面的发展变化。透过生动的"图片里面的故事"，可以体味其中蕴涵着的深刻内容，堪称是历史文化的全息图像。

《话说中国》以精美绝伦的文字和图片，将中华民族最可宝贵的民族精神和生生不息的文化传统，演绎得生动而传神。看了这张导读图，你就开始一程赏心悦目的中国历史文化之旅吧。

故事标题。

故事编号：与"人物""典故""关键词"等相联系。

历史文化百科：是精选的历史文化百科知识，分别涉及政治、经济、文化、科技等十余个知识领域。

中国大事记：以每卷所在历史年代为起止，精选与故事相应相近年代的中国历史文化重大事件，以此体现中国历史发展的基本脉络。

故事导读：概述故事精要，更好地理解故事精髓。

世界大事记：以中国大事记为参照，摘选相应年代的世界各国历史文化重大事件，以此体现本书"世界性"的理念。

人物、典故、关键词、资料来源：将故事的人物、关键词提炼出来，标注于此（加上故事来源），使之具有很大的信息量和实用性。

图片：涵盖面广泛，能够深入再现历史现实。纵观整套书的图片，又分别构成了一个个独立的专门图史。

以直观的表格形式，便于读者对分散信息作系统的查考。

图片说明文字：深入揭示图片"背后"的历史文化内涵，读完这些文字，就会对图片有新的发现和新的认识。

故事段落标题：揭示本段故事主题，具有阅读提示和增加阅读悬念的作用。

公元 1882 年

世界大事记

德国封·西门子发明有轨电车。

金漆木雕牡丹如意

高 10 厘米，长 40 厘米，宽 14 厘米，产于晚清（1851—1911），今藏广东省博物馆。此如意以三朵大花，两束小花及牡丹叶相连，自然流畅，典雅十足，特别是镶嵌之处，更是增添了魅力。

颁布诏书，号令变法

官名	品级	统属	
尚书	从一品	各部设满、汉两部书各一	多与大学士和地方总督（包括部分巡抚）加衔
侍郎	正二品	各部设左、右侍郎	多与内阁学士、地方巡抚加衔
郎中	正五品	为各部所设各司主官	
员外郎	从五品	为郎中副职	
主事	正六品		
笔帖式	正七品 至正九品		掌翻译满汉章奏文籍之事

013

清

1840年 > > > > 1911年

前言

1840 年至 1911 年
风云变幻的晚清七十年
清后期

上海社会科学院历史研究所研究员　汤志钧

打开了深闭的大门 　鸦片战争，打开了清朝深闭的大门。 早在 16 世纪，英国商人就多次探听通往中国的航线。随着资本主义的发展，1792 年，英国曾派使来华，要求开放口岸，遭到拒绝。此后，又多次派使，也未如愿。但英国东印度公司却取得鸦片的专利权，向中国大量销售，还要求扩大开辟通商口岸。 清政府在政治、经济、文化上推行与世隔绝的排外政策，是封建统治者妄自尊大的产物。急于通商、急于推售鸦片的英国，便蓄意打开中国深闭的大门。 鸦片输入，白银外流，人民遭毒害。1838 年，湖广总督林则徐奏请严禁，指出："若犹泄泄视之，是使数十年后，中原几无可以御敌之兵，且无可以充饷之银。"次年，林则徐作为钦差大臣到达广州，迫使英国驻华商务监督义律及外国商贩缴出鸦片 237 万多斤，于 6 月 3 日起在虎门海滩销毁。 英国决定发动战争。1840 年 2 月，以懿律为东方远征军总司令，义律为副。林则徐严密设防，英舰转攻厦门，闽浙总督邓廷桢率军击退。7 月，英军北进，道光帝派琦善去广州，将林、邓革职。1841 年，英军攻沙角、大角炮台。道光帝再派奕山率军赴粤主战。2 月，英军猛攻虎门炮台，关天培率军死战，壮烈牺牲，奕山乞和，订《广州和约》。7 月，定海、镇海、宁波相继陷敌。1842 年 6 月，英军攻吴淞炮台，江南提督陈化成血战牺牲。8 月，英军侵入南京江面，耆英与璞鼎查签订《南京条约》，打开了深闭的大门，中国由一个封建社会逐步沦为半殖民地半封建社会。

三元里前一声雷 　中国人民是不甘心屈服的，英国侵犯广东，三元里人民就掀起了抗英斗争。 1841 年 5 月，英军在广州城北抢劫行凶，奸淫妇女，到了三元里以北丘陵起伏的牛栏岗。30 日清晨，三元里及各乡群众数千人手持锄头、铁锹、木棍、刀矛、石锤、鸟枪，向英军挺进佯攻，英军少校毕霞恐惧失色，竟致昏倒，英军稍进，埋伏的群众战鼓齐鸣，围击敌军，旌旗蔽野，杀声震天，妇女儿童也上阵助战，正如当时诗人所写："三元里前一声雷，千呼万唤齐出来，因义生愤愤生勇，齐心合力强奴摧。"英国侵略军侵入长江，人民自发抗英运动也时有发生。如松江渔夫引导英船至泖湖浅水，阻止英船西上，靖江军民打败英军的进攻，江阴一带人民毙伤小股英军，瓜州、仪征盐民看到英军即放抬枪。尽管资料零星，却充分表现了中国人民不甘屈服的英勇斗争精神。"百姓怕官，官怕洋鬼"，"官怕洋鬼，洋鬼怕百姓"，这是广州的民谣，却是当时真实的写照。

太平天国农民战争 中国近代全国规模的农民起义，是太平天国运动。洪秀全创立拜上帝会，于 1851 年 1 月 11 日在广西金田村起义，攻永安，克武昌，占南京，颁布《天朝田亩制度》，建立乡官制度，攻破江南大营。不久，英、法、美侵略者发动第二次鸦片战争，支持清政府镇压。太平天国领导集团分裂，曾国藩的湘军、李鸿章的淮军以及外国侵略军结合起来，在苏、浙围攻。1864 年 7 月，天京失陷。太平天国失败，清政府又腾出手来镇压西南地区各族人民起义。太平天国虽然失败，但它是中国历史上规模最大的一次农民战争，它建立政权，提出反封建纲领，历时 14 年，攻克 60 余城，席卷了大半个中国，沉重打击了清朝封建统治和外国侵略者，激励着中国人民的革命斗志，也推动了历史前进。当洪仁玕总理朝政后，提出施政建议，刊刻《资政新篇》，认为"治国必先立政，而为政必有取资"。所谓"取资"，"其要在于因时制宜，审势而行"。着眼改革政治，主张学习西方。它的公布，也引起了当时中外人士的重视。但是，太平天国毕竟是一次农民战争，不可能完成摧毁封建势力的使命，但它的业绩，却在中国历史上写下了光辉的一页。

"师夷长技以制夷" 清朝的刀戈，为什么打不过外敌的洋枪洋炮？英国的船舰，怎么就打开了深闭的大门？当时有识之士，正在冷静地思考。魏源看了林则徐《四洲志》等译稿，搜集了明末以来西方人所写的资料，于 1842 年编写了《海国图志》五十卷，此后，又增订为六十卷、一百卷。他认为"夷之长技三：一，战舰；二，火器；三，养兵练兵之法"，应该学习。可在广东建设造船厂、火器厂，"人习其技巧，一二载后，不必仰赖于外夷"，从而"师夷长技以制夷"。他的"师夷"，是为了"制夷"；学习西方，是为了国家富强。＞魏源"师夷长技"是为了"制夷"，后来曾国藩、李鸿章看到洋人的"船坚炮利"，却想"借洋兵助剿"。曾国藩说：火轮船"可以剿发逆，可以勤远略"；李鸿章以为"中国文武制度，事事远出西人之上，独火器不能及"，设想办局制造枪炮，"以资攻剿"。他们也想创造新式军事工业，在清政府内部形成了一个"洋务派"。＞洋务派用力最多的，是建立军事工业。19世纪60年代到1895年中日甲午战争结束，三十年间，洋务派设立规模大小不等的军用工业项目共21个，其中规模较大的有江南制造总局、金陵机器局、福州船政局和天津机器局。＞洋务派也创办了资本主义工矿业和交通运输业，以供应军事工业需要的原料、燃料和运输，规模较大的有轮船招商局、开平矿务局、电报总局、汉阳铁厂、上海机器织布局、湖北织布局等。＞这些企业，很多是官办或官督商办，吸取了一部分买办、地主、商人的资金，但"官为督理，商认吃亏"，也没有达到"求富"的目的。＞中法战争的爆发，暴露了清政府的腐朽无能。以"自强"、"自富"自诩的洋务运动，最终随着1894年中日甲午战争的失败彻底破产了。

甲午战争和《马关条约》

＞鸦片战争，清朝被"老牌"资本主义国家英国打败；甲午战争，却是被"明治维新"后不到三十年的日本打败了。＞甲午战争，是日本企图吞并朝鲜，并向中国扩展而发动的侵略战争。＞1894年春，朝鲜爆发了东学党农民起义，日本乘机出兵侵入。7月25日，日本舰队在牙山口外半岛附近，突然袭击中国军舰，陆军进犯驻扎牙山的清军，8月1日，中日正式宣战。9月，平壤陷落。日本海军袭击丁汝昌率领的北洋舰队，北洋舰队退守威海卫。日本占领朝鲜全境并掌握了黄海、渤海制海权。11月，旅顺陷落，1895年3月，辽东半岛陷落，京畿震惊。4月17日，《马关条约》签订。＞如果将《马关条约》和《南京条约》相比较，不仅赔款增加，帝国主义且由沿海侵入了内地。《南京条约》赔款2100万元，《马关条约》则赔款2万万两，增加了十多倍。《南京条约》割让香港，《马关条约》却把台湾全岛及附属岛屿割去了。《南京条约》开放广州、福州、厦门、宁波、上海为通商口岸，《马关条约》开放沙市、重庆、苏州、杭州，"任便建立工厂"，由沿海侵入到内地。中国的半封建半殖民地地位大大加深了。＞为什么日本明治维新三十年就占朝鲜，败清朝，而中国洋务运动三十年却遭到如此奇耻大辱？为什么"求强"、"求富"的"新政"不能使中国"富"、"强"？这就引起了有识之士的深思，维新改革运动的高涨，反清革命团体的组建，也就在甲午战后先后掀起。

皇帝和孔子两大权威 ＞甲午战争以后"救亡图存"的爱国运动迅速掀起，主张向西方学习的康有为，就是这次运动的领导者。＞在漫长的封建统治下，皇帝的权威是不可动摇的，孔子的权威也是不可动摇的。康有为想利用皇帝的权威推动变法，1888年中法战争后，帝国主义侵略势力伸入中国西南边陲，民族危机严重，他第一次向光绪皇帝上书，请求变法，对在朝的大臣更是多方奔走，设想奏折上达。然而，除光绪的师傅翁同龢摘录奏稿外，其他大臣并不重视，吏部尚书徐桐且"以狂生见斥"，"虎豹狰狞守九关，帝阍沉沉叫不得"，光绪根本没有看到。＞康有为又想利用孔子的权威推动变法，他自己就说："布衣改制，事大骇人，故不如与之先王，既不惊人，自可避祸。"他继《新学伪经考》之后，写了《孔子改制考》，把孔子说成是"万世教主"，把封建时代的大圣人，塑造成"托古改制"的孔子。想用孔子的权威来推动变法维新。＞甲午战争后，面临民族危机的严重，康有为更是不断上书，吁请变法。＞甲午战争前，清政府的财政原已十分困难。据统计，这时每年收入为8890.9万两，每年支出也相差无几，要在短期内自行筹划这笔2万万两的巨额赔款，是根本不可能的事，为了缴付此项赔款，清政府又陆续签订了《俄法借款》、《英德借款》、《英德续借款》等条约。帝国主义国家以这三次借款为契机，进一步加紧对中国关税的控制；又通过铁路、开矿等项贷款或投资，不只掠夺了建铁路、开矿山的权利，而且攫取了路矿附近经济上和政治上的特权，"瓜分大清帝国"的形势已经造成，幅员广阔的大好河山，被帝国主义践踏得血迹斑斑！＞这时，要求变法自强的康有为，趁入京应试的机会，联合各省应试举人一千三百余人，于1895年5月2日上书请愿，这就是著名的"公车上书"。＞"公车上书"被拒绝上呈，康有为继续上书，与此同时，又组织学会、创办报刊，以此希望光绪皇帝"毅然有改革之志"，从而凭借其谕旨条令来改变社会的风貌，达到变法自强的目的。

光绪的决心 ＞光绪接位，年仅4岁，由慈禧太后"训政"。随着岁月的推移，慈禧卵翼下的光绪，逐渐年长了。1889年，光绪"大婚"，慈禧表面上只好"归政"，

1840年至1911年
风云变幻的晚清七十年
清后期

仍阴操政权。这时，正是中法战争后不久，后党丧权辱国日甚，"国且不国"，不但西方帝国主义列强侵略中国，连东方的日本也侵犯"天颜"了。〉甲午战争时，光绪是主战的，战争失败，《马关条约》签订，光绪也感到"非变法不能立国"，曾于1895年7月，颁发"因时制宜"的"上谕"。这就是康有为等欢欣鼓舞的"廷寄"。〉光绪准备改革，慈禧固步自封，抓紧政权、军权，冷视着帝党君臣对内政外交的焦虑。〉1898年6月1日，康有为代御史杨深秀拟了《请定国是而明赏罚折》，呈送了《日本变政考》。6月11日，光绪根据杨深秀、侍读学士徐致靖等的奏章，召集军机全堂、"下诏定国是"，变法开始。〉"下诏定国是"后，康有为等呈送了不少新政奏折，光绪也下了不少新政上谕，后党却加紧控制军政实权，新旧斗争激烈，主要冲突就有四次：第一次是6月15日帝党翁同龢被黜退而后党荣禧被引进。削弱了帝党，而后党更掌握了军政实权，第二次是6月20日帝党宋伯鲁、杨深秀奏劾后党礼部尚书总理各国事务大臣许应骙"守旧迂谬"、"阻碍新政"。第三次是7月8日，后党御史文悌严参康有为及其被黜退。第四次是9月4日因礼部尚书怀塔布、许应骙等阻挠主事王照条陈，怀塔布等六人被革职。〉表面上看，光绪任用新人，向后党反攻，而后党却掌握了军政实权，策划政变，光绪感到"朕位几不保"，"密诏"命改良派"妥速相救"。康有为等"跪诵痛哭激昂"，设想拉拢袁世凯。谭嗣同"说袁勤王"，袁世凯却向荣禄告密。就在光绪接见日本伊藤博文的次日，慈禧回宫，发动政变。康、梁逃亡日本。谭嗣同、林旭、杨深秀、刘光第、康广仁、杨锐被杀害，史称"六君子"。"百日维新"失败了。〉尽管如此，康有为的多次上书，推动变法；梁启超的舆论宣传，湘江讲学；谭嗣同的慷慨就义，"死得其所"，却体现了中国知识分子忧国忧民的优良传统，也体现了中国人民不甘屈辱，不甘落后的精神风貌。

革命和改良的分野 〉中国最早的资产阶级革命团体，是甲午战争后孙中山在檀香山建立的兴中会。次年，又在香港吸收杨衢云等创立的辅仁文社，成立香港兴中会，筹划广州起义失败。1898年政变发生，康、梁流亡日本，孙中山、陈少白也在日本，曾托人向康、梁示意，商谈合作，被拒绝。此后，康有为去加拿大，组织了保皇会。〉1900年7月26日，唐才常在康有为的指使下，在上海发起"国会"，创设自立会，组织自立军。他们既说，不能"低首腥膻，自甘奴隶"，"非我族类，其心必异"；又说，"君臣之义，如何能废"。宗旨模糊，参加会议的章太炎认为："一面排满，一面勤王，既不承认满清政府，又称拥护光绪皇帝。"他严加反对，并"宣言脱社，割辫与绝"。＞"割辫"可不是一件小事，清军入关以后，"割辫"与反"割辫"，不知被杀了多少汉族人。因为"割辫"是表示"不臣满洲之志"，它不是"革政"。章太炎还写了《正仇满论》，登在革命派的《国民报》上，对梁启超所写《戊戌政变记》、《光绪圣德记》、《积弱溯源论》中对光绪"迫于忠爱之念，不及择音"加以批判。1902年，章太炎还在东京发表《支那亡国二百四十二年纪念书》，得到孙中山的支持。1903年3月，章在上海爱国学社任教，替邹容所写的《革命军》写了《序言》，自己还写了《驳康有为论革命书》，把改良派奉为"圣君"的光绪皇帝斥为"载湉小丑，未辨菽麦"。这篇文章的一部分和《革命军》在《苏报》刊登，清政府与上海租界当局勾结，章、邹被捕入狱，从此，革命和改良逐渐明确分家，革命潮流也就滚滚向前了。

皇帝被推翻了 ＞孙中山建立第一个资产阶级革命团体兴中会后，1904年，黄兴领导的华兴会、蔡元培等领导的光复会相继组成。1905年8月20日，在孙中山倡导下，三会在日本联合，同盟会成立，举孙中山为总理，以"驱逐鞑虏，恢复中华，建立民国，平均地权"为纲领，同改良派作尖锐斗争。1906年，章太炎出狱东渡，主编同盟会的机关报《民报》，深刻揭露改良派"志在干禄"的丑态，积极阐扬推翻清朝、"建立民国"的旨意，愤怒斥责革命投机分子"私心暖昧"的劣迹，针锋相对，所向披靡。＞在孙中山领导下，同盟会多次发动武装起义。1911年，清政府出卖铁路修筑权，激起全国人民反对。10月10日，武昌起义爆发，各省响应，两个月内，鄂、湘、陕、赣、晋、滇、黔、苏、浙、桂、皖、粤、闽、川等省宣布独立。清政府迅速解体。＞孙中山于12月回国，经十七省代表会议推举为临时大总统，1912年1月1日在南京宣誓就职，成立中华民国临时政府。2月12日，清朝皇帝被迫宣布退位，结束了清朝的统治。＞辛亥革命，推翻了清政府，结束了中国两千年的封建君主制度。此后，再是袁世凯搞"洪宪帝制"、张勋搞"丁巳复辟"，但前者只有八十多天，后者更短，只有十二天，时代洪流不可阻挡，皇帝再也不会在中国出现了。

1840年至1911年
风云变幻的晚清七十年
清后期

文化景观 ＞西学东渐，中外冲突，晚清七十年，时间不长，却是变化多端。即以文化而言，就有那么多的景观，这里试举数例：＞八股的废除和学校的建立。清代一直沿用明朝以来的科举考试制度，用八股文体，束缚思想。维新运动期间，康有为等就多次上疏请求废除，光绪也下诏"一律改试策论"，还创办京师大学堂、铁路矿务学堂等。天津的西学学堂（北洋大学堂前身）、上海南洋公学（交通大学前身）也先后创立。1902年，京师大学堂分列政治科、文学科、格致科、农业科、工艺科、商务科、医学科，自然科学占有很大比例。随着学制的改革，除修身、读经外，增设中国文学、算术、历史、地理、格致、体育各科，一些中小学生不是"一心专读圣贤书"，而是了解中外历史，扩展视野，逐渐关心世界大事、国家兴衰了。＞各地学校，在维新运动时期先后设立，其中还有女学校。＞出国留学，也是前所未有的，七十年间，由一开始的派遣出国发展到自费留学。1872年，容闳率首批官费留学生赴美。30名穿着长袍马褂、拖着辫子的中国男孩在上海港登上一艘邮船，远渡重洋去美国留学。1896年，总理衙门以"近日交涉日繁，需材益众"为名，拟办同文馆学生4名，分派英、法、俄、德四国学语言、文学、算学，以三年为期。同年，中国驻日公使经日本政府同意，选定13人留日。此后，人数渐多。据1901年统计，中国在日本的留学生官费、自费留学人数为272人，包括湖北等15行省和宗室、驻防、汉军、蒙古等，还有3名女子。其中以湖北、江苏、浙江、广东、湖南为最多，实际上留日学生人数并不止此，此后又逐年增加。＞国内教育的改革和出国留学的增加，使一些知识分子扩展视野，睁眼看世界，也推动了此后的革命运动。＞报刊的盛行和现代图书出版业的兴起。鸦片战争前中国的报刊，主要是外国传教士办的，种类不多，销数也少。鸦片战争后，传教士和外国人在华办的外文报刊有所增加，如《字林西报》（North China Daily News）、《孖剌报》（China Nail）、《密勒氏评论报》（Weekly Review of the Far East）等。还有外国人在华办的中文报，如美国人的《上海新报》、《申报》、《新闻报》，日本人的《亚东时报》、《顺天日报》等。＞中国人自己办报的高潮是在戊戌变法时期掀起的。1895年，康有为、梁启超在北京创办《万国公报》、《中外纪闻》，在上海创办《强学报》。1897年，梁启超在上海主编《时务报》、在澳门创办《知新报》，严复在天津创办《国闻报》，唐才常、谭嗣同先后创刊《湘学报》、《湘报》，其中以《时务报》影响最大，销量达一万余份，为中国有报以来所未有。此后报刊盛行，林林总总。大部分报刊适应政治斗争的需要而创刊，也有一些商业性报刊。1903年，还因《苏报》进行革命宣传，发生了"苏报案"。宣传革命的报刊，每在国外印出，销行国内，如《民报》。或在国内租界发行，如《民立报》、《民呼报》、《民吁报》。＞随着西方新式印刷设备和技术的输入，我国相继产生了一些铅印或石印的书局。1897年，商务印书馆在上海创办，设印刷所，在国内首先使用纸型。此后，又设编译所和发行所。1903年，张元济任编译所所长，分国文、英文、理化数学和辞典等部，不久出版教科书、《辞海》和多种期刊，成为我国历史悠久、影响深远的出版社。＞报刊的盛行和图书出版的兴起，春风秋雨，誉留士林。

文学艺术的多样化 ＞近代文学史上，开风气之先的是龚自珍和魏源，他们的诗文在艺术上独具特点，梁启超"语言笔札之妙"，新学士子"争礼下之，通邑大都，下至僻壤穷陬，无不知有新会梁氏者"。黄遵宪主张写诗要反映现实生活，《日本杂事诗》、《人境庐诗草》独具风格，卓然自立。柳亚子、陈去疾等创立"南社"，冲决了旧的格律诗束缚，林纾翻译了《黑奴吁天录》等，《新小说》、《月月小说》、《小说林》等刊物先后问世。＞晚清的小说，既有侠义小说，也有社会小说。李伯元的《官场现形记》、《文明小史》，吴趼人的《二十年目睹之怪现状》更是一纸风行，振聋发聩。＞戏剧方面，昆曲在清中叶趋于衰落，京剧取代了它的地位。晚清戏曲改革，上海、北京开展京剧革新，汪笑侬编演《党人碑》，以北宋谢琼仙的故事影射谭嗣同等六君子、《黑奴吁天录》、《张文祥刺马》等新剧也上演了。音乐除传统音乐外，西洋音乐也输入了。＞艺术方面，绘画也有革新，任颐（伯年）、虚谷、吴昌硕匠心独运，别具一格，人称"海派"。＞文学艺术的多样化，是近代的一大亮点。

衣食住行的变化 ＞七十年间，衣食住行也有着前所未有的变化。＞过去的衣冠服饰，通常由朝廷颁制。西风东渐，情况不同了，合乎时代和时节的时装出现了。马褂长衫虽仍流行，西装革履也在大城市中出现，还有简易的学生装。妇女服装由上衣下裙而"文明新装"，旗袍式样明显变化。住房则高层公寓、花园里弄已在大城市里出现。行则从轿子、小车而代之以人力车。公共汽车、电车也在城市中出现。＞晚清七十年，风云变幻，气象万千！

圆明园内的大水法（局部）

清后期全图

选自谭其骧主编《中国历史地图集》第八册：清时期

清后期世系表

8 宣宗爱新觉罗旻宁（道光）→ 9 文宗爱新觉罗奕詝（咸丰）

→ 10 穆宗爱新觉罗载淳（同治）→ 11 德宗爱新觉罗载湉（光绪）→ 12 爱新觉罗溥仪（宣统）

林则徐进京

道光皇帝对鸦片徘徊于严禁与弛禁之间，林则徐的爱国热情和非凡胆识，博得皇帝的赏识，被委以重任。

道光帝即位时，颇想有所作为，对于鸦片，便沿袭了自雍正帝以来的禁烟政策，他多次下诏禁烟。其中甚至规定对开烟馆者处以绞刑，贩烟者充军边塞，吸烟者先体罚再服劳役，虽很具体，但都不见效。

严禁派和弛禁派

道光十八年（1836），当时鸦片年输入量已由初年的四千余箱猛增到四万零二百箱。形势更为严峻，太常寺少卿许乃济主张消极地弛禁，上《鸦片烟例禁愈严流弊愈大亟请变通办理折》，认为禁鸦片愈严，而食者愈多，几遍天下；法愈峻，则贿赂愈丰，走私之伎俩愈巧，不如取消禁令，开放鸦片贸易，照药材纳税。他还说：这些是他出任广东按察使十年的经验总结，请

林则徐受命钦差大臣（上图）

道光十八年（1838）十一月十五日，道光帝任命湖广总督兼兵部尚书林则徐为钦差大臣，赴广东全权统揽禁烟重责，并节制广东水师，林则徐从此身肩禁烟重任。图为当时《任命林则徐为钦差大臣谕旨》。

皇上采纳。但道光皇帝并没有支持。道光十八年（1838），鸿胪寺卿黄爵滋主张积极地严禁，上《请严塞漏卮以培国本疏》，提出准给一年期限戒烟，逾期仍吸食者，处死刑以严惩。

皇帝重视禁烟

道光帝相当重视黄爵滋的奏折，下诏将它转发给各地将军、督抚。二十九个封疆大吏都分别发表了看法，其中有二十一人对黄爵滋重治吸食的建议有异议；而最能引起道光帝共鸣的是湖广总督林则徐的奏折《钱票无甚关碍宜重禁吃烟以杜弊源片》，他读了不住地点头称是，奏文说：鸦片"流毒于天下，则为害甚巨，法当从严。若犹泄泄视之，是使数十年后，中原几无可以御敌之兵，且无可以充饷之银。兴思及此，能无股栗？"如果真是应了此话，王朝的一统基业将化为乌有，自己的帝位也保不住了。这不是危言耸听，也不是仅此一个鸦片问题，而是关系到国家民族生死存亡的大事。皇帝真有几分惧怕。思虑再

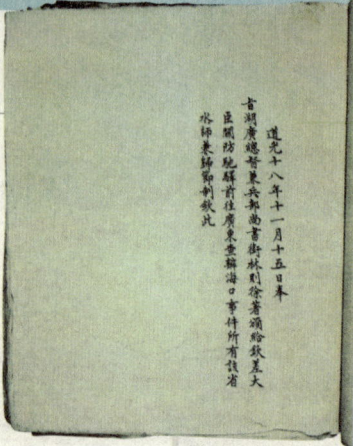

清黄爵滋《请严塞漏卮以培国本疏》

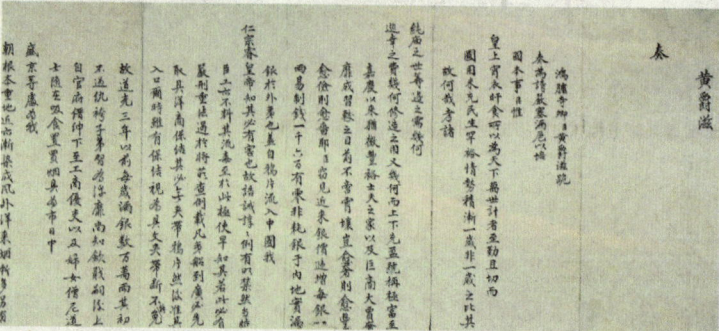

黄爵滋（1793—1853），字德成，号树斋，江西宜黄人。面临着鸦片走私越来越不可控制的局面，有人向道光帝提议把鸦片贸易合法化，于是形成了严禁派和弛禁派的对峙。道光十八年四月，黄爵滋义正词严上书《请严塞漏卮以培国本疏》，奏请道光帝严禁鸦片，建议对吸食者一年不戒的治以死罪，道光帝采纳了黄爵滋的大部主张。

公元1840年 公元 1840 年 ＞

世界大事记

英军在阿富汗屡战屡败。

林则徐 林宾日

识才 纳谏

《云左山房文钞》《东华续录》

人物 关键词 故事来源

三，拿定主意，并拿起朱笔，圈点奏稿，传下谕旨，将首创弛禁的许乃济革职休致；命林则徐进京面议。

父亲的愿望

林则徐是福建侯官（今福州）人，1785年出生于一个普通知识分子家庭。父亲林宾日是一位以"舌耕"为生的穷秀才，收入不多，日子过得挺艰苦。母亲生他的时候，正巧新任的福建巡抚徐嗣曾坐着轿子，在随行人员的簇拥下经过林家门口。父亲欣喜若

身着皇袍的道光帝
道光帝（1782—1850），名绵宁，嘉庆帝次子。即位后改名旻宁，在位时间为1821年—1850年。此时的道光帝已步入不惑之年，皇袍在身，执掌江山，目光中透出沉稳之气。图为清宫廷画《道光帝朝服像》。

近代开眼看世界的第一人：林则徐
林则徐（1785—1850）是我国近代伟大的爱国主义者，他的伟大之处不仅在于坚决抗击外国侵略者，维护民族尊严和国家独立，而且在于他首先睁开眼睛看世界，孜孜以求西方知识，积极倡导经世致用思想，在近代中国开创了向西方学习的一代新风。图为清人所绘林则徐像。

历史文化百科

〖钦差大臣〗

清朝凡由皇帝特派至京外专办某项重大事件的官员，并颁授关防的，称为钦差大臣，通常所派出的为尚书、侍郎级官员，因是皇帝代表，能节制、号令所在地区官员，通常也称钦使。驻外使节亦称钦差出使某国大臣。太平天国地方镇守官员，亦有自称"钦差大臣"，意思是天京所派出的，此衔可写于布告、文书，但不授予印信。

故宫全景

狂。他也在科举入仕的道路上苦心奋斗过，也盼望有朝一日金榜题名，扶摇直上，但都失败了。他想儿子会有出息的，于是给刚出生的孩子取名则徐，字元抚。"则"是效法，"元"是开始，他希望孩子长大后也会像徐嗣曾一样高官显贵，当个巡抚，实现一个穷教师未曾实现的愿望。也有说，林宾日还为儿子取名和字少穆、石麟，是因他出生时，梦中亲见凤凰飞，从而想起孩子是"天上石麒麟"的南朝名士徐陵（孝穆）后身。

皇帝的信任

林则徐没有辜负父亲的期望，自幼读书刻苦，十三岁就考上秀才，二十岁中了举人，二十七岁中了进士，选翰林院庶吉士。后在浙江、江苏、湖北、河南、山东等地任职，办理过军政、盐政、河工、水利等事。林则徐秉公办事，执法严明，有突出的行政才能。特别是任湖广总督期间，严禁鸦片，卓有成效，深受民众爱戴，赢得"林青天"的好名声。

道光十八年十月（1838年11月），林则徐接到宣召进京的谕旨，由武昌起身，匆匆奔京城而去。

十一月初十（12月26日）抵京，第二天皇帝就召见林则徐。此后连续八天，召见了八次，并赏赐在紫禁城内骑马、坐轿。此种频繁接见，在第五天接见的那次，就下旨颁给他钦差大臣关防，往广东查办鸦片，兼节制该省水师，这是清朝有史以来对汉官的罕有先例，是对林则徐的破格待遇。

道光皇帝提出关键问题：鸦片祸害已久，误国误民之深重，决非一日能清除。林则徐讲述了在湖南湖北推行禁烟的成果和经验，曾多次缉拿开烟馆、贩鸦片之徒，还配制断瘾戒毒药丸，收缴烟土、烟膏、烟枪，皆有成效，当地群众无不拍手称快。再三强调只要官民齐心，禁烟定能成功。皇帝原先的疑虑消除了大半。

此前，道光皇帝一直对严禁鸦片举棋不定，犹豫不决，是林则徐的耿耿忠心和肺腑之言，感动了皇帝，坚定了皇帝查禁鸦片的信心和决心。林则徐有非凡胆识，是难得的人才。

世界大事记　法国蒲鲁东著《贫困的哲学》推出。

林则徐　邓廷桢　关天培
尊严　正义
虎门销烟
马士《中华帝国对外关系史》
《林则徐集》

人物　典故　关键词　故事来源

〇〇二

虎门销烟

虎门海滩当众销毁鸦片二百三十多万斤的壮举，同仇敌忾，敢于和西方殖民者对抗，这在当时世界上是从来没有发生过的。

建造销烟池

两万多箱，计二百三十多万斤鸦片是个巨大数目，要销毁谈何容易！林则徐原打算把鸦片如数解京验明，再行烧毁。但又考虑到，广州距离北京数千里，沿途遇上贪官污吏，来个偷漏抽换，鸦片就会再次流入市场，危害民众。要除尽鸦片，只有就地销毁。

林则徐来广州后，白天黑夜忙碌着。缴烟的同时，视察沿海各处炮台，选择销烟地点。虎门，位于珠江三角洲东南侧，处珠江入海口，距广州一百多里，

虎门销烟处

虎门销烟池在广东东莞市太平镇口。清道光帝接受林则徐禁烟奏折，特派林则徐赴广州查办，迫使外国鸦片商在虎门交出了鸦片2万多箱，共重1175吨。为了销毁这些毒品，特意筑了两个大池子，长宽各45米。池底平铺石板，四周栏桩钉板，池旁开一涵洞，池后通一水沟。销毁鸦片烟时，先将池内蓄水，撒盐成浓盐卤水，将鸦片分批投入池内，用浓卤水溶化。然后再投入生石灰搅拌，马上引起化学反应。最后把这些混合废品残渣用水冲走。三个星期之后，终于把缴获的鸦片销毁殆尽。图为虎门销烟池纪念碑。

是广州的咽喉。这里风平浪静，趸船容易停泊，是理想的销烟处。

关键的问题是用何法才能彻底销毁鸦片。在湖南湖北禁烟，林则徐采用焚烧法，即用桐油和鸦片搅拌在一起，点火燃烧。但是燃烧后，鸦片油会渗入泥土中，过后掘土取泥，再作蒸熬，又可提炼出相当数量的鸦片。鸦片最忌盐和石灰，遇水后产生高温，起化学反应，鸦片即刻变成一堆废渣。林则徐选择了后者。

在近海边的平地上，深挖两个销烟池。每池长宽各45米，池底铺设石板，以防鸦片渗漏。各池的前方都有一个洞孔，与大海相通，用作排放销毁后的渣沫入海。后方还有一个洞孔，作为进水口，引水入池，浸泡鸦片或清洗残渣。

销烟震惊中外

道光十九年四月二十二日（1839年6月3日），广州珠江口晴空万里，阳光灿烂；虎门海滩人流涌

▶历史文化百科◀

〔广州十三行〕

十三行之称始见于明朝，清沿称，自康熙帝规定对外通商仅限于广州后，十三行业务更见兴旺。它的数目历年有所增减，但仍沿称十三行。十三行本乃行会，由于清廷禁止官府和民间直接与外国发生来往，它就起到了中介作用，以致对官府有承保和缴纳外洋船货税饷、规礼，传达官府命令，代递外商文书、管理外商等职能；因为享有此等特权，自身也经营商品交易。自道光三年（1823）后，广州伶仃洋面鸦片和其他商品走私掀起，所谓十三行多有因资金周转欠缺营业不良负债而倒闭，仅有几家兴旺，如串通外商、贩卖鸦片的伍家怡和行。自"五口通商"后，十三行独揽中国对外贸易特权被废除，从此它才渐趋没落。

虎门销烟大快人心

虎门销烟结束后，林则徐等人把销烟经过上书成文奏报道光帝，道光帝阅毕文书挥笔蘸墨用红色大字批道：可称大快人心一事。中国终于在尝尽烟毒之苦后出了一口气。图为《林则徐邓廷桢怡良等奏虎门销烟一律完竣折》。

动，热闹非凡。

天刚蒙蒙亮，人们扶老携幼，从四面八方赶来，围聚在池岸的栅栏外，把销烟池周围挤得水泄不通。官兵们精神抖擞，列队待命；更多的是助威呐喊的群众，都想亲眼目睹这一大快人心的场面。还有不少高鼻梁、蓝眼睛、黄髭发的外国商人，在人群中指手画脚，窃窃私语。

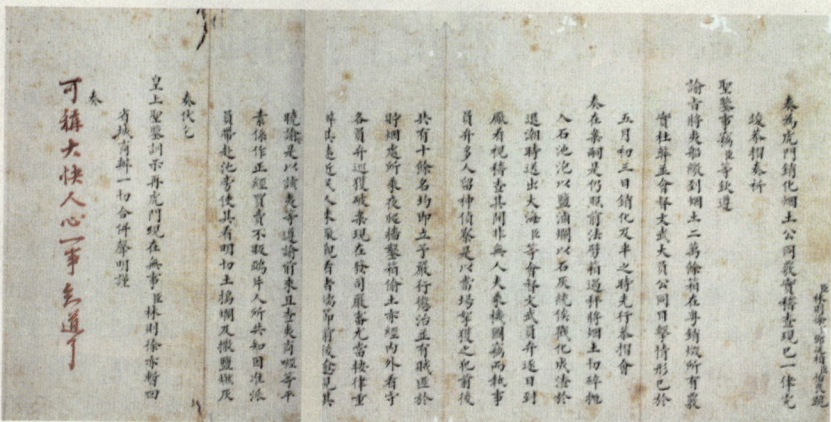

林则徐和两广总督邓廷桢、广东巡抚怡良、广东水师提督关天培等主要官员轮流到现场目击监销。林则徐还在现场与美国传教士裨治文说，对正当贸易，

澳门炮台

澳门全岛图（清人绘）
澳门岛位于珠江口西南，面临南海，港湾内易于供船只停泊，在晚清的对外关系中占有重要的战略地位。

应给予特别优待，不受任何连累，还向他表示，想得到地图、地理书和其他外文书籍，特别是想得到一套玛礼逊所编的字典（即英华字典），表示了他对走向世界、追求新知的强烈欲望。

五百名民工忙碌开了。撬开一箱箱鸦片，取出鸦片并切成碎块，抛入池内，放水浸泡，然后洒上大量的盐和石灰。石灰遇水，池水沸腾，烟雾冲天。再用铁锄、木耙等工具反复搅拌池中鸦片，使鸦片受热均匀，销毁彻底。等到鸦片化为渣沫，打开通海洞孔的闸门，污渣浊水统统涌入大海。再用清水冲洗，不让毒物有半点残留。

醉生梦死的鸦片吸食者（铜版画）
鸦片走私最初只在沿海一带，随着数量的不断增大，毒害泛滥到内地，偌大一个中国到处可以找到吸食鸦片者，上至王公下达百姓，国力日渐衰落。图为当时外国人所绘一烟馆内吸食者的丑态。

一池销毁完毕，又开始第二池。参与和观看销烟壮举的中国民众，无不欢欣鼓舞，拍手称快。

至6月25日，花了二十三天，将所缴鸦片全部销毁。道光帝在接到林则徐等虎门销烟奏折后，大加欢喜，批示："可称大快人心一事！"后来在林则徐七月二十六日五十五岁生日时，又亲笔书赠"福"、"寿"两大字，予以表彰。

禁烟之路阻力重重
林则徐受命钦差大臣到达广东后，要求洋商交出鸦片，并责令他们立下永不私带鸦片的保证。但是禁烟的道路遇到层层阻力，英国商务监督义律敷衍延宕，一再拖延，图为义律请林则徐延缓禁令的文书。

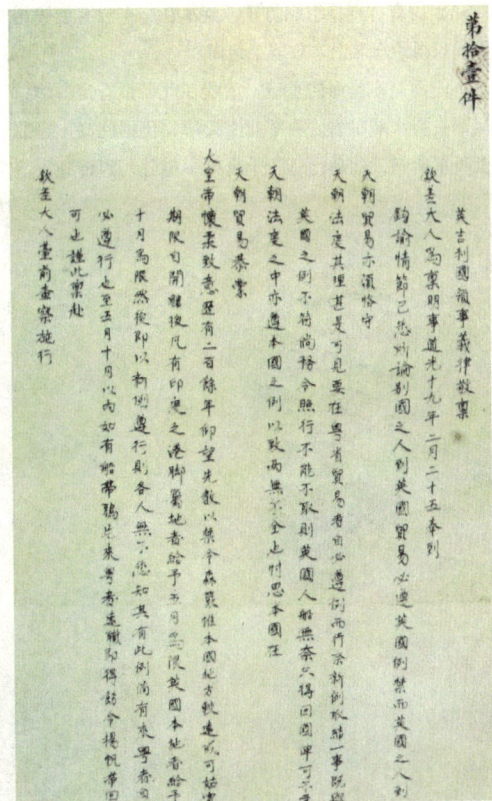

〇〇三

定海三总兵

英军入侵定海，爱国官兵和乡民英勇抗击，用热血和生命捍卫国土。

林则徐收缴并销毁鸦片的消息传到英国，朝野上下一片混乱。内阁会议最后决定，组成一支远征军，向中国出兵。

侵华英军的总司令兼谈判全权代表叫乔治·懿律，曾任好望角舰队总司令。义律为副全权代表。懿律是义律的堂兄。1840年6月，侵华英军陆续到达广州附近海面。

6月底，英国舰队封锁珠江口，挑起了鸦片战争。

定海民众抗英

因为有林则徐组织防守，英军在广东没有能够得逞，只得沿海北上，攻陷了定海。

定海是东南海防重镇，清朝在此岛设有定海镇总兵，主持水陆军事。英军北上天津，仍据此岛。当北上英军南归，此岛已有三千余英军屯驻，因传染病流行，特别是定海民众反抗，闹得英军难以驻扎。时在浙江镇海坐镇的定海镇总兵葛云飞积极战备，还发动本地民众打击英军。一天，英国安突得上尉携带印度随员上城郊山上测量地形，附近农民见了，敲锣聚众，用锄头、石块打死随员，活捉安突得。

葛云飞筑土城

道光二十一年（1841）二月，英军撤出定海。

清廷派裕谦为两江总督，任钦差大臣。裕谦是蒙古镶黄旗人，坚决主张抗英。他到任后，立即命葛

英军兵临城下广东严阵以待

虎门销烟激怒了英国政府，决定出兵中国。道光二十年（1840）五月二十二日，英国舰队直指广东，第一次鸦片战争爆发。然而在林则徐的坐镇指挥下，英军无从侵入广东，最终北上厦门。图为清人所绘的广东海岸地理形势图。

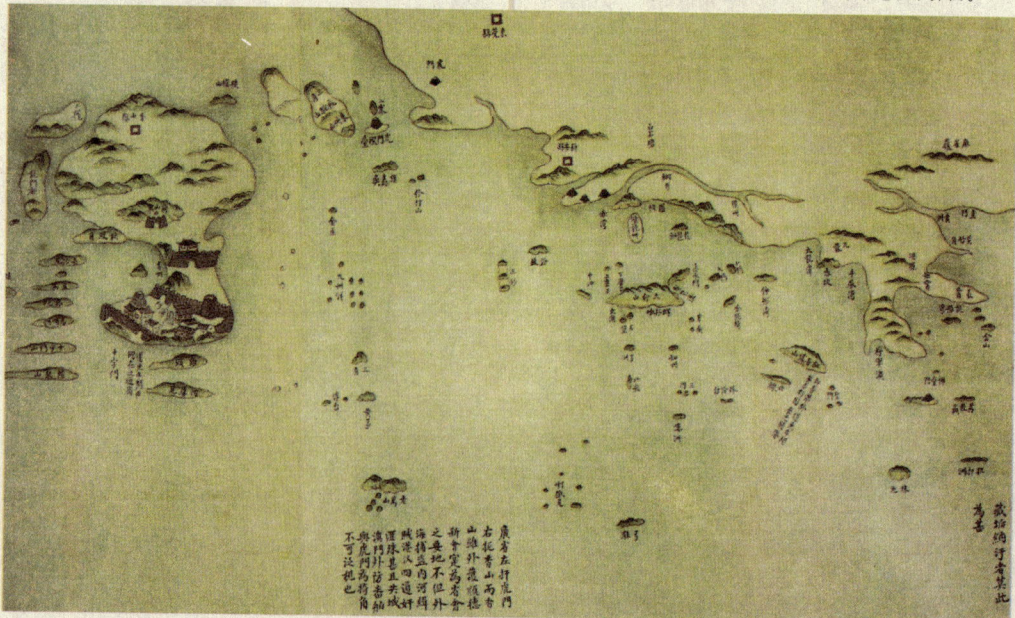

公元1842年 〉 公元 1 8 4 2 年

世界大事记　俄国果戈理著《死魂灵》。

葛云飞　　　　　　《清史稿·葛云飞传》
徐　裕　　　勇敢　　《葛云飞将军年谱》
保谦　　　　　　　《烟屿楼文集卷十六》
王郑　　　正义
锡国
朋鸿

人物　关键词　故事来源

第一次鸦片战争形势图
第一次鸦片战争标志着中国近代史的开端，也标志着清王朝开始走向没落。图为第一次鸦片战争形势图。

云飞回任，并派寿春镇总兵王锡朋、处州镇总兵郑国鸿协力防守定海。葛云飞到了定海后，他以定海三面有山，前临大海，没有屏障，计划在衢头筑土城，晓峰岭、竹山门分筑炮台，但裕谦因费用太大，没有同意，葛云飞亲自找到裕谦，恳请预支自己三年养廉银兴筑，这使裕谦很不高兴，认为葛云飞与他作对。可是很快他就转变了看法。

一天，裕谦上舟山岛视察防务，见葛云飞青布包头，着短衣衫，脚登草鞋，与士兵们一起在烈日下为筑土城挑土填泥，又发现他手臂系着白布条，原来是

身死魂烈护定海
道光二十一年（1841）八月十二日，英军向定海（今浙江舟山）发起攻击。定海镇总兵葛云飞，处州镇总兵郑国鸿，寿春镇总兵王锡朋，与英军展开了异常惨烈的激战，双方鏖战六天六夜，三镇官兵全部壮烈牺牲，定海再度失陷。在这次战役中，王锡朋一条腿被炸断，仍坚持战斗，郑国鸿身中两弹，仍持旗督战，葛云飞负伤四十余处，牺牲时，持刀而立。前些日子出海捕捉海盗所受的刀伤，裕谦非常感动，就此完全改变了对葛云飞的看法。可是他的耽误，错过了修筑炮台和配置大炮的良好时机。

英军第二次攻定海

同年八月十二日，英舰二十九艘已来到定海海面。当天就向郑国鸿驻守的竹山门炮轰，被守军击退。从十三日始英军凭借其强烈的舰炮、猛轰竹山门

定海的英军（铜版画）
1840年7月5日到1841年2月25日，英军侵占定海，1841年9月26日英军再次攻陷定海。图为驻扎在定海山坡上的英军大营和在街道上巡逻的英军，由当时的外国人绘。

威严强力缴获英人鸦片
林则徐在禁烟令难以执行的情况下，下令逮捕烟商颠地。在义律的保护下，颠地得到逃脱。林则徐立即下令封锁黄埔港内的外国商船，在林则徐的压力下，义律无奈下令交出所有鸦片。于是林则徐上书道光帝奏报缴获鸦片的喜讯，图为林则徐的奏折。

和葛云飞驻守的旗头、王锡朋驻守的晓峰岭三处，三处清军奋勇反击，可是他们的炮台上没有一尊大炮，而且军粮匮乏，将士每人每日只有光饼六两（十六两制），后来每日只得三碗稀粥。十七日，英军再度进犯晓峰岭，守军最好的武器，也只是一人肩扛一人发弹的抬枪，这种抬枪枪管多次发射后即会发烫，而不能用，郑国鸿、王锡朋最后只得短兵相接，英勇牺牲。

英军在攻陷竹山门、晓峰岭后，即陷定海县城，而后各路英军合围土城，葛云飞在城将陷时，率领亲兵二百持刀冲进敌阵，转战二里，身受四十余伤牺牲。

黑水党的游击战

葛云飞牺牲后，定海人徐保就把他的遗体浮海送到大陆，然后又回到定海，他和同伴张小火、钱大才等组织了"黑水党"，专门袭杀小股英军。

"黑水党"广泛采取游击战术，他们经常袭击船上和陆上的英军，有些英军中午时竟也会在军舰附近失踪，有时军舰行驶，也会突然漂来英军的无头尸体；还有"黑水党"的乞丐成员，在夜晚经常出击获胜。原来乞丐们善用铁钩子，在英军巡逻队走过巷尾街角，还剩有一两个士兵还未转弯时，他们就一跃而起，稳准狠地用铁钩子伸进英兵喉头，这样就神不知

鬼不觉地杀死这个家伙，而前面那些士兵，还不知道队尾缺了人呢，这样，英军有时候一支七八人巡逻队出来，回到军营总缺了两三人，甚至更多些。他们还不知道同伴是在哪里失踪的呢。

这种袭击，使得英军天天心惊肉跳，朝不虑夕，所谓是："白人夜出巡，往往晓不归。"

鸦片生产基地：东印度公司（铜版画）
乾隆二十二年（1757）英国的东印度公司占据了印度鸦片产地孟加拉邦，然后强迫当地居民种植鸦片原料，规模巨大。以此为基地，东印度公司开始向中国源源不断地输入鸦片。图为东印度公司孟加拉邦鸦片制造厂的仓库，难以计数的鸦片层层堆积着，由当时外国人所绘。

《清史稿·关天培传》

关天培 孙长庆

正义 勇敢

关天培

人物 关键词 故事来源

积极备战

关天培，字仲因，号滋圃，江苏山阳（今淮安）人。自幼使枪弄棒，骑马射箭，练就一身好功夫，考取了武秀才。在清军绿营里效力二十四年，由行伍逐级提升为苏松镇总兵。1834年任广东水师提督，是广东海防区的最高统帅。

位于珠江口的虎门，是我国南方的门户，广州的屏障，战略地位非常重要。关天培五十三岁受命后，令母妻回乡，自己仅带三名家丁赴任，到广州后，视察沿海各要塞，增修、加固虎门、南山、横档等炮台，新铸六千斤大炮四十座，以增加防御能力。林则徐在虎门海滩销毁鸦片后，深知洋人不会善罢甘休，必来寻衅挑战，和关天培等加强训练水师，严阵以待。

英军攻陷沙角、大角炮台后，又向虎门扑来。

奋勇抗击

1841年2月25日，英舰十八艘进攻虎门炮台，关天培与游击麦廷章等分守靖远、威远等炮台。关天培此时已年逾六旬，仍身先士卒，亲自燃放炮弹痛击

虎门战役（铜版画）
1841年2月25日，英军进攻虎门，广东水师提督关天培英勇抗敌，不幸以身殉国。图为当时外国人所绘虎门战役的惨烈场面。

关天培
爱国将领关天培，年逾六旬，率领将士抗击来敌，身负重伤不下火线，坚守炮台，以身殉国。

敌人。炮弹像雨点般地落下，弹片碎石从他头顶身边飞过，他毫不畏惧，镇定自若地指挥战斗，击退了侵略军的一次次进攻。虎门守军仅数百人，顽强抗击数倍于己的敌军，伤亡人员不断增加。关天培遣将去见总督，恸哭着请求增兵，但是两广总督琦善拒不派兵援助，理由是增兵会妨碍他和英军议和。

力战英军的关天培
关天培（1781—1841），字仲因，号滋圃，江苏山阳（今淮安）人。道光二十一年二月六日，英军向虎门炮台发起总攻，二十天内各炮台相继失守，清军伤亡惨重，关天培为国捐躯。

战斗持续到第二天，关天培昼夜督战，不下火线。他取出私财奖励将士，鼓舞斗志。敌人在前一天的战斗中没占便宜，这回又增派了战舰和士卒。炮火更加凶猛，弹片四溅，沙石横飞，守卫炮台的将士从没经受过这么猛烈的打击，手中的土炮也失去了威力。这些土炮需要装一发炮弹，点一次火，不能连发，再说数量不多，怎么能与洋枪洋炮比拼。天空又下起了雨，清军大炮的火门湿了水，燃不着火，成了一堆堆废物。

手握利刃，格杀数人

敌军攻上岸来，清军将士用刀剑奋不顾身地砍杀。关天培负伤十多处，仍坚守在靖远炮台，亲燃大炮向敌开火。他知道情况危急，命令仆人孙长庆护印撤退，长庆哭着说：我随主人数十年，未曾离开半步，今有危难，怎忍心丢下主人独全自己？手拉衣角死不松手。关天培持桨，指着长庆说：我上负皇上，下负老母，死犹恨晚，你不松手，别怪我不客气。长庆这才双手捧着提督的大印离去，当英军攻

晚清南海正规部队：广东水师
广东省濒临南海，为了缉捕走私、海盗，很早就开始使用近代军舰，但由于不受朝廷重视，经费短缺，广东水师的舰船有一个很显著的特点，即多、小、乱，舰艇数量虽多，但吨位很小，只能用于内河和近海作战。图为清代《广东水师驻防图》。

关天培使用的望远镜
图为关天培指挥广州水师作战时使用的望远镜，镜筒上刻有"水师提督关天培"字样。

陷炮台时，关天培仍手握利刃，格杀几人，终于为流弹射中壮烈牺牲。

孙长庆跳下悬崖。落地是一片水塘，长着茂盛的芦苇，他负了伤。大印完好地交给总督，他放心了，这是主人临终前的嘱托，他完成了。没休息半刻，又返回炮台。守卫炮台的将士都战死在战场上，孙长庆找到了关天培的遗体，血肉模糊，半边身子被烧得焦黑。消息传到家乡，家人悲伤地打开他生前托人捎回来的木匣，只见几件旧衣服和几颗掉落的牙齿。

被革职的林则徐在广州得悉关天培死难十分悲痛，曾写联悼念：

六载固金汤，问何人忽坏长城，孤注空教身尽瘁，
双忠同壣潦，闻异类亦钦伟节，归魂相送面如生。

挽联写得很贴切、动人。此间"何人"乃指琦善，"双忠"，另一指与关天培一同死难的麦廷章。

虎门大战的前沿阵地大黄窖炮台
大黄窖炮台是广东海面的炮台之一，虎门大战时，清军在此与英军进行了殊死搏斗，终因力量对比悬殊而失陷。图为清代的《大黄窖炮台分图》。

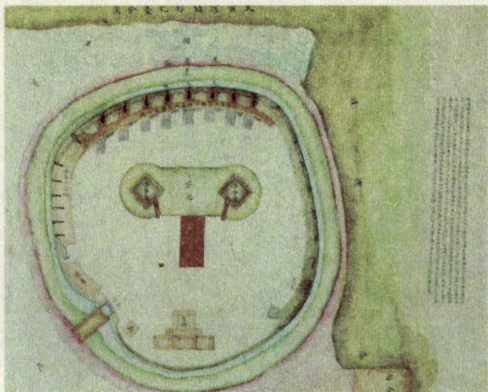

○○五

《三元里人民抗英斗争史料》修订本

韦绍光　正义　卧乌古　勇敢

人物　关键词　故事来源

拿起锄头和扁担

三元里是个有几百户居民的乡村，离广州城仅五里路，贴近泥城、四方炮台。村庄周边丘陵起伏，阡陌纵横，有利于用兵布阵。当地的民众对武装而来的洋人了解甚少，但很快就明白，这是一群披了人皮的豺狼，到处杀人放火，奸淫掳掠。

1841年四月初九（5月29日），盘踞在四方炮台的小股英军窜至三元里一带行凶作恶，菜农韦绍光、颜浩长等怒不可遏，拿起锄头和扁担奋起抗击，当场打死英兵数人，其余的狼狈而逃。

三元里村民狠狠教训了侵略者，附近群众欢欣鼓舞。他们估计到英军一定会寻衅报复，就自动聚集在三元古庙前商讨对策，约定以庙中黑底白边的北帝三星旗为"令旗"，对旗立誓："旗进人进，旗退人退，打死无怨。"誓言表达了三元里村民同仇敌忾，血战到底的决心。

民间组织奋起筑藩篱

包括社学、书社在内的民间组织在抗英战争中发挥了很大作用，他们骁勇善战不顾生死，顽强抵抗英军的袭击，图为番禺县民间组织升平社学赠给西湖社学的"藩篱永固"匾，表达对他们英勇抗英的崇敬。

三元里抗英

三元里地区村民组织起来，打响了近代中国人民自发抗击外国侵略者的第一场战斗。

要对付顽敌，单靠一两个村庄的力量还不行，举人何玉成等发起，联络附近一百零三乡的群众代表，聚集于三元里北牛栏岗前，共商组织群众和战斗部署。

引蛇出洞

5月30日清晨，三元里和一百零三乡义勇约五千人，树起"平英团"的大旗，手持锄头、刀矛、鸟枪，浩浩荡荡地向英军占据的四方炮台进发。他们按照商定的计划，来炮台引蛇出洞。

正吃着早餐的英军，突然听见杀声震天，急忙报告司令官卧乌古："不好，清军杀来了。"卧乌古登上炮台观望，只见远处奔来的队伍服装各异，武器简单，刚刚吓掉的魂又收了回来，"哈哈！原来是一群老百姓，瞎起哄。"他集合英军，留下几个看守炮台，其余统统出动。

侵略军疯狂地扑向群众，"平英团"并不和敌人正面交锋，只是按照原定计划，佯攻速退，牵着敌人的鼻子来到牛栏岗。

以旗为号团结抗英（上图）

英军窜出广州城，在三元里一带骚扰。三元里人民在村北古庙集合，将庙里的三星旗作"会旗"，对旗宣誓抵抗英国侵略者。约定以三星旗为号，旗进人进，旗退人退。图为三星旗。

抗英大捷

敌人以为民众怕了，越追越猛。冲在前头的英兵追进一片稻田，田里灌满了水，行走不便，一望四周，山冈和丘陵环抱。卧乌古如梦初醒，稍有军事常识的人都知道，只要四面设兵埋伏，就是插翅也难飞出。他边发急边安慰自己：这些乡民哪会玩弄战术。他下了撤退命令。

英军转身要跑，就听到锣鼓齐鸣，杀声震天。埋伏在牛栏岗的七八千名武装群众，犹如天兵天将，杀了过来。鸟枪、弓箭雨点般射向敌人，冲到跟前，大刀、长矛打得敌人落花流水，溃不成军。

"轰隆隆"声声巨响，狂风骤起，雷雨大作。乡间土路，一经雨淋便成了稀泥，英军的皮靴在水中泡得又重又

琦善奏报英人欲占香港岛
义律拟定了包括接收香港岛的条款后，琦善不敢擅自作主，呈报奏折给道光帝，图为琦善呈报的《琦善奏英人愿交还定海在香港岛定居折》。

滑，走不几步就要停下喘息。走惯了农田的农民，在泥泞道上追杀敌人，越战越勇。英兵有的被打死，有的被活捉，有的跪地求饶，不可一世的"海上霸王"威风扫地。

三元里一仗，打死打伤英军近五十人，并获得大量战利品。大捷的消息很快传遍四乡。31日上午，广州附近的佛山、番禺、南海、增城、花县等县四百余乡的群众数万人，赶来与"平英团"会合。包围了四方炮台，侵略军司令义律、卧乌古无计可施，便密派汉奸混出包围圈，去广州威胁知府余保纯速来解围。余保纯慌忙赶去，向三元里等地的绅民诱骗威吓，在清朝官吏的庇护下，英军灰溜溜地逃脱重围。

不久，在广州周边流传有民谣"百姓怕官，官怕洋鬼"；"官怕洋鬼，洋鬼怕百姓"。

三元里人民缴获英军军服
三元里人民在抗英战役中给前来骚扰的英军施以重创。图为缴获的英军士兵的军服。

▷历史文化百科

[鸦片]

鸦片，又名阿芙蓉，俗称大烟。原产埃及。它是由罂粟果实取汁提炼而成的，中国在七至八世纪始在云南、甘肃栽种，当时作为观赏植物。明中叶，才从果实里提炼汁液，熬炼为棕黑色的块状或粉末，少量吞服，可治疗某些疾病。《本草纲目》即记有镇静、止痛功能。

明朝万历年间，允许鸦片进口，每10斤征税银2钱。清乾隆中期，英国东印度公司获得鸦片专卖权，输入数量递增；也由药用嬗变为吸食。据道光十五年(1835)统计，全国吸食者竟达200万人，致使几年后，鸦片进口竟达4万余箱。清廷虽多次颁布禁烟法令，成效极小。鸦片贸易为英国带来高额利润，为英国国库全年收入的十分之一。由是爆发了因鸦片发动的侵华战争，但在签订的《南京条约》里，却对鸦片一字不提，讳莫如深。咸丰八年(1858)十一月，在英、美、法三国分别与清朝代表签订《通商章程善后条约·海关税则》始才公开列出，把它改名为"洋药"，承认贩卖鸦片为合法贸易，输入中国每百斤纳银30两进口税。

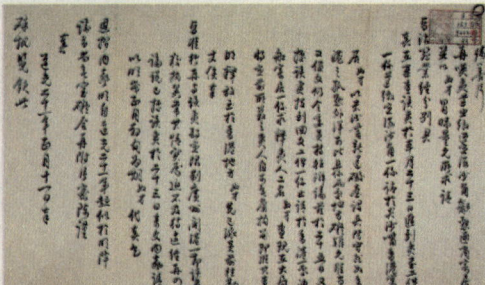

公元1845年　公元 1845 年

世界大事记　英国全国职工协会成立。

《清史稿·魏源传》
魏源《海国图志》
卷十二、卷三十七

魏源　革新　识才
林则徐

人物　关键词　故事来源

〇〇六

魏源和《海国图志》

林则徐被道光帝遣戍新疆伊犁，途中，将《四洲志》等资料交付魏源。魏源在其基础上，编纂《海国图志》，为当时最完备的史地巨著。

旧友重逢

道光二十二年七月中旬（1842年8月），林则徐踏上遣戍新疆伊犁的征程。路经京口（今江苏镇江），魏源专程由扬州赶来迎送。

魏源，1794年出生在湖南邵阳金坛乡。他比林则徐小九岁。自幼勤奋好学，先后考中举人和进士。年轻时和龚自珍向常州今文经学家刘逢禄学习《公羊春秋》。今文经学派讲"微言大义"，主张"变"，王朝要变，政治制度要变，人类社会要经过"衰乱世"、"升平世"、"太平世"三个发展过程，依次推进。魏源受今文经学的影响很深。龚、魏不满"衰乱世"的腐朽黑暗，大声疾呼，要求改革。1841年，魏源作为两江总督裕谦的幕僚，曾经参加浙东抗英斗争，对清政府战和不定，琦善之流昏庸误国的行为愤懑不平。

久别重逢，当夜，两人同宿一室，对榻长谈。从东南禁烟抗英说到西北沙俄威胁的隐患，从流放充军说到为国为民。

临别重托

急着赶路，不能久留。林则徐打开行李包裹，取出一大纸包，里面是林则徐主持译编的《四洲志》和《澳门月报》等资料。他告诉魏源，在广州期间，请人从海外书报上选译了各类资料，上自天文，下至地理，政治经济、历史人文、风俗习惯等无所不包。原想继续编译，详细介绍海外国情，但是身遭不幸，前途未卜，万一丢失了资料，悔恨就晚了。

魏源在此以前，就曾根据在宁波、台湾等地收集的英俘口述，写了《英吉利小记》，对这方面的著述当然极感兴味。他接过《四洲志》，翻阅几页，惊讶不已。他很敬佩老朋友在广东任上倥偬之间还忙于关心、搜集。林则徐再三嘱附说：如能再作扩充，编撰成册，既可让国人开眼长识，又可找到富国强民、抵御外患的良方妙法。

主张向西方学习的魏源

魏源（1794—1857），原名远达，字汉士，号默深，湖南邵阳人。清代杰出的思想家、学者，经世致用思潮的积极倡导者和实践者，代表作品有《海国图志》，率先介绍西方各国历史地理状况，主张学习西方的先进科学技术，是中国近代向西方寻求救国真理的先行者之一。

海國圖志 一百卷

魏源的《海国图志》

魏源遵友人林则徐嘱，根据林所主持译编的《四洲志》，并参考历代史志，辑为《海国图志》五十卷，后续增至一百卷。《海国图志》率先介绍西方各国历史地理状况，主张学习西方的先进科学技术，提出"师夷长技以制夷"的口号。

编纂巨著

鸦片战争失败后，林则徐、魏源等痛定思痛，思索为何挨打战败的根源，寻求筹海制敌、富国强民的方略。在林则徐"师敌之长技以制敌"思想的基础上，魏源提出"师夷长技以制夷"的主张。魏源编纂《海国图志》，为的是了解敌之长技，学习敌之长技，补己短缺，达到战胜敌人的目的。

西方资本主义国家的长技有哪些？魏源认为大约有三点：一战舰；二火器；三养兵练兵之法。

说来实在可笑，鸦片战争打响后，道光皇帝还在问："英国地处何方？""与我大清有无旱路通行？"闭关自守的后果，是对外界无知到了极点。

道光二十二年（1842）十二月，《海国图志》五十卷完成，共五十七万字，附地图二十三幅。后又增为六十卷。到1852年增至一百卷，八十七万字，附地图七十五幅。成为当时中国人编纂的最为详尽的史地巨著。魏源在书中强调："人知鸦烟流毒为中国三千年未有之祸，而不知水战火器，为沿海数万里必当师之技；而不知镶

世人景仰的林则徐祠堂

福州的林则徐祠堂额称"林文忠公祠"，建于光绪三十一年（1905）。图为祠堂的"仪门厅"，中间石铺甬道，两侧分立八尊青青石雕刻的石人、石兽，两旁的回廊里陈列有二十多面的仪仗执事牌。

兵之厚、练兵之严、驭兵之纪律，为绿林、水师对治之药。"还明确指出，学习外国，要"塞其害，师其长，彼且为我富强……善师外夷者，能制外夷；不善师外夷者，外夷制之。"时至今日，几乎无人不知"师夷长技以制夷"的宏论。

主张禁烟的邓廷桢

邓廷桢（1776—1846），字嶰筠，江苏江宁人。道光十五年（1835）任两广总督，积极协助林则徐查禁鸦片。曾率兵与英军激战，击沉英船一艘，迫使英军狼狈撤退。

〔清末的"拍卖"〕

拍卖，乃是资本主义商业中的一种买卖方式。经营拍卖业的商行，称"拍卖行"。在中国，到19世纪四五十年代，在广州、上海才有拍卖和拍卖行，据1862年《上海新报》载，当时十里洋场多有拍卖，大则有几百吨的铁甲船、花园弄（今南京东路）地皮，小则是钟表、餐具和猫狗等宠物，几乎物物都可拍卖，反映了商业资本主义时期的一个侧影。对此，时人就现场景观，有一番详细描绘："洋人出卖杂物，预以招帖贴通衢者，期插标门，首聚买客，一人高立，持物叫卖，不售，则更易一物，价既相当，即拍卖。以应扣后，长短两无所悔，不能更易，故名拍卖。近有各国妇人集会，所施各物捐作病人药饵费，物其当即拍卖，然必高价以给。"（《快心醒睡录》卷四）

公元1846年 公元 1846 年

世界大事记 美国入侵墨西哥。

《清史稿·陈化成传》《国朝先正事略》

陈化成 爱国 牛鉴 勇敢

人物 关键词 故事来源

〇〇七

陈化成血洒吴淞口

长江的门户

1842年6月，璞鼎查率领舰队逼近上海。这个璞鼎查，是去年4月被英国政府

生死关头，有临阵逃脱的懦夫，也有临危不惧的勇士。在抗击外国侵略者的斗争中，涌现出无数爱国英雄，陈化成就是其中一员。

任命为侵华全权代表，取代义律的。他曾随海军到印度，参与殖民活动近四十年，有侵略亚洲的"经验"。老奸巨滑的

战死吴淞的江南提督陈化成

陈化成（1776—1842），字莲峰，福建同安人。道光二十二年（1842）五月八日，英军进攻吴淞，江南提督陈化成率军重创敌军。此时原本不主战的两江总督牛鉴闻讯后大喜过望，摆出仪仗前去观战，结果被英军发现目标，英军乘机发射火炮攻陷炮台，吴淞失陷，陈化成战死，牺牲时全身受伤达百余处。

璞鼎查，改变了前任攻打京师的战略，因为那样进攻难度大，损失多，而把目标转向南京。南京是六朝古都，滨临长江，占领南京，便可切断南北漕运要道，因为京师等处粮食主要是靠南方供应的。它等于掐住了道光皇帝的脖子，想要皇帝干啥就得干啥。

要驶入长江攻取南京，必须通过长江门户的前哨阵地——吴淞口。英军知道把守门户的是江南提督陈化成，久经沙场的老将。英军遇到过像陈连陞、关天培、葛云飞、裕谦那样英勇不屈的对手，付出代价太大，对吴淞口不敢轻举妄动，战舰停泊在长江口外多时。

东炮台陷落

陈化成是福建同安人，出生在金门岛，从小就在海水中泡大，水性极好。他在福建水师三十余年，由

英名长存：陈化成墓

陈化成牺牲后，清政府钦赐祭葬，谥号"忠愍"。1842年陈化成的灵柩运回厦门，葬于梧村金榜山北麓。1992年在墓碑上立陈化成铜像，供人瞻仰凭吊，现为福建省文物保护单位。

一个小小的把总，逐级擢升为福建水师提督。1839年在厦门率舟师发炮，屡挫英军。翌年调任江南提督，与两江总督裕谦紧密配合，加强吴淞口防备，修台铸炮，沿海塘筑二十六堡，还在前沿打下木桩，阻止英舰登陆。陈化成誓死报国，战争前夕，他对参将周世荣说："吾与你大有福气。"周惊愕，不知所云。陈说："如果打胜仗，能得到嘉奖，否则也永垂不朽，这难道不是福气吗？"

英国调兵遣将，从印度派来增援的舰船百余艘、陆军士兵万余人。璞鼎查有了这支援军，迫不及待地发起进攻。陈化成率周世荣守西炮台，参将崔吉瑞、游击董永清守东炮台，徐州镇王志元守小沙背。6月16日清晨，英军全力攻打吴淞要塞。陈化成亲自守卫西炮台，手执令旗，指挥作战。战斗持续了两个多小时，清军击伤敌舰数艘。

吴淞口炮台

再说两江总督牛鉴，应在前线督战，却贪生怕死，躲在宝山衙署内。听说陈化成击退了敌舰，想夺取头功，急忙坐着八抬大轿，鸣锣开道，直奔吴淞而来。路经小沙背，遇上登陆的英军，枪炮齐放，队列散乱。牛鉴钻出大轿，丢冠弃靴，穿戴士兵衣帽，抱着脑袋逃命。由此部分军心动摇。东炮台、小沙背守军先是不动，接着又弃炮台逃跑，致使敌人乘机轻取了小沙背和东炮台。

血染西炮台

东炮台失陷，英军水陆两路夹攻西炮台。陈化成腹背受敌，孤军作战。部将告知，知府、知县、总兵都吓跑了，陈化成回答："四十年来，我在炮弹中人死出生，难以数计，怎能见敌勿击？奉命讨贼，有进无退。"敌人的炮火猛烈。清军伤亡惨重。陈化成已负

世界大事记

俄国雅各洛支科夫发明电弧光灯。■
马克思著《哲学的贫困》。

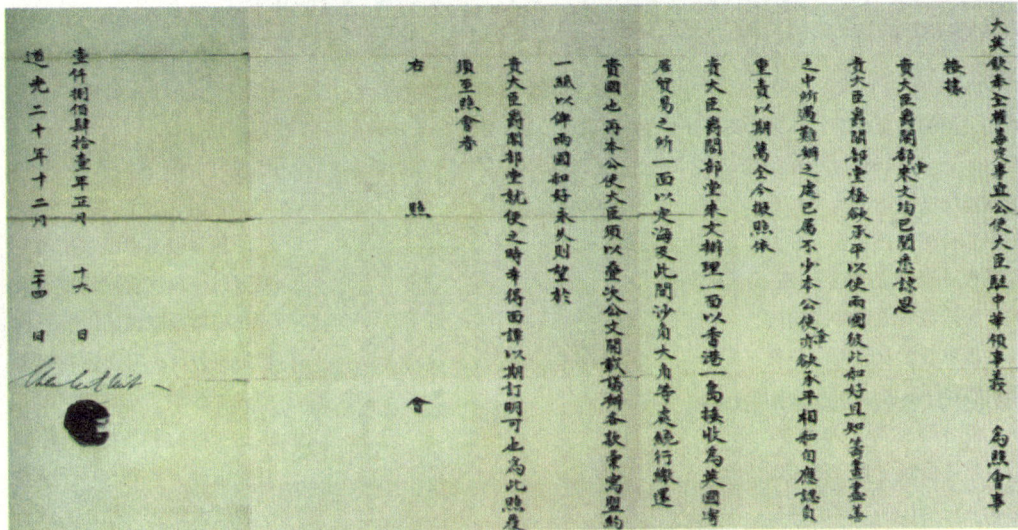

伤多处，仍坚守炮台，巍然不动。在炮火的掩护下，数百名英兵登上炮台，周世荣劝陈化成退兵，陈化成大怒道：平日以为你忠诚，举荐你，提拔你，关键时刻却想逃跑，你对得起谁。说完拔剑欲砍，周拔腿逃离。英军从四周围拢过来，陈化成和残部与敌人展开

英军攻陷镇江

道光二十二年（1842）六月十四日，英军部队对镇江发起进攻。英军轻而易举地攻破了西门，并进入城内与清军展开近距离战斗，由于兵力悬殊，镇江失守。图为出自英人笔下的《英军攻占镇江西门图》。

英人索求香港岛

道光二十年（1840）十二月二十四日，义律单方面拟定了若干条款给琦善，其中包括以香港岛为英军定居处，英方则将定海交还给中国。二十九日，义律在未得到琦善回复的情况下，公布《穿鼻草约》。图为当时义律给琦善的《一面接收香港岛一面交还定海事》照会。

肉搏战。一发子弹击中了他的胸膛，年近七旬的老将与守台将士八十余人一起壮烈殉国。

城下之盟

早在英军攻陷吴淞口前，道光帝就派了耆英、伊里布为钦差大臣赶到浙江宁波前线，向正在烧掠的英军乞和。可是英军不予理会，继续北上。

英军攻陷吴淞口，进入长江，耆英、伊里布奉旨一路跟在英舰后面求和。直到南京下关方才赶上。璞鼎查故作姿态，说他俩是作假。耆英、伊里布和牛鉴联合向他照会，信誓旦旦："倘本大臣等如此居心，天日在上，定遭诛殛。"于是英军开列议和条件，耆英等表示真不两价，全部接受，就此签订了《江宁条约》，即《南京条约》。

〇〇八

姚莹与台湾军民抗英

共筹防夷措施

英国侵略者垂涎台湾，屡犯基隆、大安港等地，欲占为己有。姚莹任台湾兵备道，率当地军民奋力抗击侵台英军。

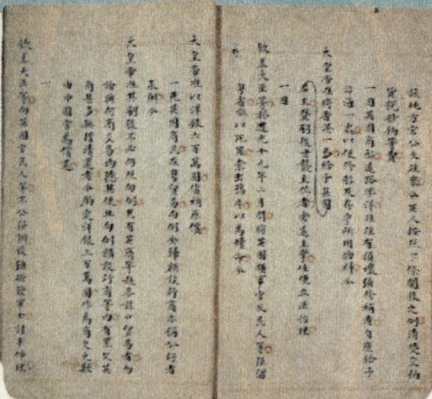

台湾自古以来就是中国的领土。康熙二十二年（1683），清政府统一台湾。靖海侯施琅深知台湾的重要性，曾上奏折说：台湾虽海上一岛，实乃腹地数省之屏障。英国侵略者早就垂涎台湾，并疯狂叫嚣要占领它。

经林则徐等人的举荐，1837年任命姚莹为台湾兵备道。早在1819年，姚莹就在台湾当过几年知县兼海防同知，熟悉台湾的风土人情。再次来台湾，深感形势逼人。他会同台湾镇总兵达洪阿，推诚相见，和衷共济，共筹防务措施，提出七条防夷急务：募壮勇以补兵防，派兵勇以卫炮台，练水勇以凿夷船，习火器以焚贼艘，造大舰以备攻战，雇快舰以通文报，添委

员以资防守。并草拟《台湾十七口设防图说》上报朝廷。

击沉"纳而不达"号

英军侵犯中国东南沿海的同时，窥伺台湾。侵华全权代表璞鼎查派出三艘三桅船进犯台湾，有两艘在途中遭风浪停泊，一艘叫"纳而不达"号，于1841年9月30日驶抵台湾基隆海口。这是一艘较大的三桅船，共载有二百七十四人。英船对岸边的二沙湾炮台连发两炮，击中兵房一间。参将邱镇功下令还击，炮弹在船中央炸响，桅折索断。船失去控制，被海浪冲击，撞上了礁石，英兵落水的落水，逃窜的逃窜，乱作一团。清军大获全胜，生擒敌军

《南京条约》签约图

道光二十二年（1842），清朝政府代表和英国代表签订了《南京条约》。图为英国人所绘出席签约人员图。

丧权辱国的《南京条约》（上图）

清朝代表耆英、伊里布与英国驻华全权公使璞鼎查在南京城下英国舰船"皋华丽"号上签订了《南京条约》，协定五口通商，割让香港岛。图为当时《南京条约》的抄本。

一百三十三人，毙敌三十二人，溺毙七十五人，只有三十四人乘一艘小艇逃到广东。

引诱敌船触礁搁浅

次年3月11日，英军双桅船"阿纳"号闯入台湾大安港洋面（今大甲西北大甲街附近之洋面）。达洪阿和姚莹命令守军：不与敌海上争锋，宜诱敌船搁浅，再出兵歼擒。他们雇募渔船，在沿海布置埋伏。

英军对上回的教训记忆犹新，见清军有防备，强攻占不了便宜，便想用重金收买当地人给指引条路，

▷历史文化百科

〔靠倒卖金银发横财的外国人〕

1842年鸦片战争结束后，欧美资本主义的舶来品依恃《南京条约》的"合法"身份，源源不断地输入中国的上海和东南沿海。在中国市场出售的舶来品，比它们在本国市场上出售的价格要便宜；往往一件舶来品的总成本加上运输、装卸等费用，原来要值一个银元的，可是卖给中国人却只要三四角钱，甚至还要低廉。

但他们却是大大地赚了钱，以致穷光蛋在中国市场混迹几年，就可以成为衣锦荣归的大富翁了。

这里的奥秘，中国官书和私人笔记都没有记录，外国图书馆里也没有这样的档案、书籍，后来有人请教年近百岁的爱国老人马相伯先生，才揭露了这个不见于文字的秘密。

原来中国自鸦片战争失败后，金子价值是一两金子可兑换八两银子。后来到清光绪初年，也只提高到十一两银子兑换一两金子。而当时的欧美市场一两金子至少可以兑换三十两白银。由于长期的闭关锁国政策，中国市场哪能掌握这样重要而又基本的经济信息呢！因此，狡猾的外国商人千里运货来到中国后，把货物迅速售出，将获得的银子，再去兑换金子，这样往返两三次，就发了大财。拿当时毒害我国人民的鸦片为例，以每箱售银四五百两计算，换成了金子归国，回国再换白银，这样，就可获得一千五六百两白银，纯利有一千两。真是"利市三倍"。

姚莹《中复堂全集》

姚莹（1785—1853）字石甫，号展和，安徽桐城人。姚鼐重孙。在鸦片战争期间任台湾兵备道，率兵抗击英军。鸦片战争后潜心学术，著书立说，《中复堂全集》是其代表作。

然后偷袭上岸。不料英军找错了人。这是一位爱国渔民，叫周梓。英兵叽里呱啦地说了一阵后，周梓听懂了，是要他引路进入口岸，便答应了。周梓引诱英军从大安港北面的土地公港入口，这一带多暗礁。当地渔民出入海口如履平地，何处有无暗礁了如指掌，可陌生人一旦闯入，后果不堪设想。

台湾人民击退英军来袭

道光二十一年（1841）八月，一支英军舰队侵扰台湾。台湾军民严阵以待，同仇敌忾，挫败了英军三次袭击台湾的图谋，生擒英军一百多人。图为反映台湾当地风土人情以及军事操练情况的《台湾风俗图》，日本人绘。

晚清鸦片烟具

起先，敌船行进得很顺利，距离海岸越来越近。突然一下猛烈的撞击，敌船触礁了，船身倾斜，海水涌入舱内。英军全都慌了神，想跑也找不着地方。在此守候多时的伏兵发起了攻击。敌船被炮火炸毁，敌兵纷纷落水，溺毙、击毙多人，生擒四十九人，还缴获大炮枪支。

道光皇帝接到了两次胜利的奏折，这是鸦片战争以来少有的捷报，怎能叫皇帝不高兴。他表彰了有功人员，达洪阿加太子太保衔，姚莹加二品衔。

遭投降派打击陷害

《南京条约》订立后，英全权代表璞鼎查借故指控达洪阿、姚莹"杀俘冒功"，要求清政府将他们正法谢罪。耆英、穆彰阿等竟然向璞鼎查妥协，上折诬陷达洪阿、姚莹冒功生事，制造了一起"台湾冤案"，达洪阿、姚莹被革职拿问。台湾兵民得讯，无不愤恨，各执一炷香，前往行署泣诉申辩。姚莹被押送到京，三十多位京官、名士在城郊长辛店迎接他。这一举动，表达了人们对姚莹在台湾抗英斗争的支持，以及对他被诬陷拿问的不平。

英国取道香港加速扩张

《南京条约》规定割让香港岛。其后，香港成为英国在亚洲发展的经济基地。图为日本人所绘《香港岛开埠图》，描绘了英国在香港兴建房屋加速扩张的一片忙碌景象。

○○九

帝师杜受田

咸丰帝奕詝能顺利当上皇帝，全仗师傅杜受田的一个嘱咐，尘埃底定。

喜欢奕䜣

道光帝有很多儿子。因为老大、老二和老三都是未成年就死了，第四子奕詝就成为他的大儿子，按礼制，奕詝是当然的大阿哥，可是道光帝却宠爱第六子奕䜣。奕䜣和奕詝在一起读书，但他酷爱武术，曾创造枪法二十八势，刀法十八势，道光帝还特地给枪法赐名为"棣华协力"，刀法赐名为"宝锷宣威"，且送给奕䜣一把白虹宝刀。奕䜣刀不离身，常佩在腰。道光帝对奕䜣宠爱有加，因而始终下不了决心，由哪个儿子做可靠的接班人。

奕詝的授业老师是杜受田。这是一个很有学问、富有心机的人，当然盼望奕詝早日被立为大阿哥，也很为道光帝摇摆不定而担忧。他时刻在寻找机会。

矛盾再三一匣二谕

皇位继承人的选择是一件关系国家稳定的大事，所以历来受到重视。道光帝经过再三比较，终于选中了"仁孝守拙"的第四子。道光二十六年（1846），道光帝以满文写"皇四子奕詝立为皇太子"，以汉文写"皇六子奕䜣封为亲王"。一匣二谕反映了道光帝的矛盾心情。图为道光帝放置圣旨的建储匣。

围场巧语

机遇终于来了。

一天，道光帝要带领诸王子张弓持枪，赴南苑狩猎。临行之时，奕詝请教杜受田。杜受田启导他说：

咸丰帝朝服像

咸丰帝（1831-1861），即清文宗，爱新觉罗氏，名奕詝。道光帝第四子。道光三十年（1850）继位。咸丰即位之初，中国爆发了太平天国起义，后又发生了第二次鸦片战争，清朝面临进退维谷的艰难时期。图为清宫廷画《咸丰帝朝服像》。

白虹刀兼表两位帝王美意

道光二十九年（1849），道光帝赐予皇六子奕訢以白虹宝刀。咸丰帝即位后仍旧恩准其佩带白虹刀，不久，又提升其为军机大臣。图为藏于故宫博物院的白虹刀。

"殿下在南苑，只能是用眼珠而不能动手脚，并且还得约束你的侍卫，也不得捕杀大小生物。"奕詝不懂，问道："要是皇帝责问那可怎么办呢？"杜受田笑着说："无妨。你只需如此作回答，就没事了。"

奕詝听从了，就随道光帝到南苑校猎。皇子都兴高采烈，挽弓发弩，争先恐后要在父皇跟前作一番表现，其中特别是奕訢，更是神采奕奕，走马驰骋，收获的猎物最多，而奕詝却始终坐在马鞍上不动。

围猎结束时，只有奕詝及其麾下侍卫空无一物。道光帝见了，很不高兴，责问他："你校猎一整天，怎么连一只小兔子都没有？"奕詝就照着杜受田教诲，说："儿臣纵然无用，但如果指挥麾下侍卫动手，当然能打到一些狐鹿狼兔。只是想到眼前正值春回大地，鸟兽正在生长繁殖，儿臣实在于心不忍杀害生灵；再说，我做兄长的也不愿与弟弟们争高低啊！"

道光帝听了，极为高兴。连声称赞："对！对！这才真是帝王之言，是做帝王必具的好生之德呢！"就此，道光帝在立大阿哥事上终于作出了决定。

优待老师

道光帝病死后，奕詝就登上了大位。他非常感谢老师在关键时候的一席开导。其实杜受田说的，乃是参照了《三国志·魏志》中的曹叡（魏明帝）故事：曹丕（魏文帝）带着儿子曹叡去打猎，见有大小两鹿，他先射死母鹿，要儿子射小鹿，曹叡说：陛下已射死其母，我怎能忍心再射死其子呢！曹丕听了很动心，把他立为太子。

杜受田死后，咸丰帝大为悲恸，予以高规格葬礼，并据当年嘉庆帝优厚老师朱珪故事，赐以臣僚死后最高的追谥"文正"。有清一代三百年，授"文正"谥号的只有八个人，另外六个人是汤斌、刘统勋、曹振镛、曾国藩、李鸿藻、孙家鼐。他们生荣死哀，都是被视为"一代完人"的。　▷盛巽昌

大方别致的"咸""丰"组玺

这两枚印章，鸡血石质。"咸"字章为阳文，"丰"字章为阴文，章印四周用万字纹装饰，一个圆形一个方形，相得益彰。

〉历史文化百科

〔大学士〕

清承明制，设大学士。

清初在内三院各设大学士一人。顺治时改内三院为内阁，大学士即为内阁主官。康熙时为正二品，雍正时又改为正一品，虽然因军机处之设，多取代大学士原来的职权，但军机大臣及内外各官仍以授大学士衔为荣典，习称拜相，通称中堂；大学士有封爵，还通称爵相。大学士按编制为满、汉各二人，以三殿（保和、文华、武英）、三阁（文渊、体仁、东阁）之名和六部尚书加衔，为文官之首。自雍正之后，于内阁满、汉大学士二人外，另增设协办大学士满、汉各一人，从二品，往往以尚书及总督补授，但系加衔，仍留任本官。如遇大学士缺，即递补之。

另外，还在大学士下，设内阁学士十人（满六人，汉四人），加礼部侍郎衔，从二品，通称为阁学。自雍正后，大学士、协办大学士嬗化为各部尚书和督抚的加衔。大学士在朝会列班，满员在前汉员在后，但在光绪时，李鸿章为文华殿大学士始为汉员之首（保和殿在近代从未授人）。

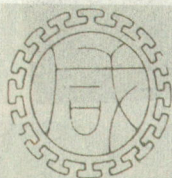

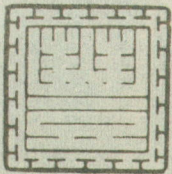

048

农民的儿子

洪秀全与《劝世良言》

洪秀全出身于农民家庭。为求功名、屡试屡败，对仕途丧失信心。基督教布道书《劝世良言》的启迪，改变了他的人生。

在广东省花县（今广州市花都区）北部山区，有个小山村叫福源水，住着几户客家人，1814年1月1日，洪秀全就诞生在这里。父亲洪镜扬，是个忠厚朴实的农民，靠开荒种地，养活一家数口人。他生了三男一女，大哥洪仁发、二哥洪仁达、姐姐洪辛英，洪秀全排行第四。后来，洪秀全认萧朝贵妻杨云娇为义妹，又名为洪宣娇。

洪家祖居中原，宋时躲避战乱，流徙到广东。

洪秀全塑像

洪秀全（1814—1864），原名仁坤。广东花县（今广州市花都区）人。道光年间屡应科举不中，遂吸取早期基督教义中的平等思想，创立拜上帝会，撰《原道救世歌》等以布教，主张建立远古"天下为公"盛世。道光三十年十二月初十（1851年1月11日）他发动金田起义，建国号太平天国，自称天王。咸丰三年定都南京，称天京。颁《天朝田亩制度》，又分兵西征、北伐。六年，因掌握军政实权的东王杨秀清"威权逼己"，遂密诏北王韦昌辉率军返京诛杨。韦又扩大事态，滥杀无辜。洪秀全迫于众怨，只好杀韦，以翼王石达开主政。次年，石达开受猜忌负气出走，太平天国濒危。洪秀全重用陈玉成、李秀成诸人，自兼军师，又采取减赋和加强宗教宣传等措施。同治二年（1863）冬，天京为清军围困，粮尽援绝。洪秀全拒绝李秀成突围之议，固守天京。三年四月病卒。

小山村土地贫瘠，收获的粮食，不够一家的口粮和租税。为了生存，全家迁到官禄㘵定居下来，这里距离广州只有几十里路。洪秀全从小帮父亲干农活，他熟悉农民，也了解农民的疾苦。洪秀全七岁时，父亲送他进了私塾"书房阁"读书，家境贫穷，两个哥哥没能上学，父亲把全家的期望都寄托在小儿子身上，盼望家中出个读书人，从世代困境中走出来。

屡试不中

十六岁那年，洪秀全第一次赴广州考秀才。一路兴高采烈。眺望远处，山峦叠嶂，郁郁葱葱；展望未来，高官厚禄，信心满怀。熬过十年寒窗，再凭借自己的才智，一试而就该没问题。可是，事与愿违，考试失败了，扫兴而归。

1836年，洪秀全第二次去广州赴考。六年前的挫折一直耿耿于怀，为了实现愿望，他一边担任乡塾

＞历史文化百科＜

〔清朝官书诬造名字〕

清代史料，凡官吏书牍常对反叛者改名诬毁，如湖南天地会领袖李元发、太平天国将领赖文光，在名字可加边之外，都添上了"水"，这样就成为李沅发、赖文洸。孙中山原名孙文，也被写为"孙汶"。过去不少著作，缺乏分析，直接从史料中摘引沿袭，闹了笑话。为什么要在名字边添加"水"呢，那是因为"水"系从"盗"说他们是"盗贼"。当然，也有的是直接改名，如捻军首领张乐行，就写作"张落刑"，有的是代之以浑号而不名，如太平天国陈玉成，即呼为"四眼狗"。

的教师，一边苦读四书五经，准备科举考试。结果与上回相同，榜上无名。第二年，洪秀全第三次应试，初试过关，他高兴极了。可是复试发榜，还是名落孙山。1843年第四次考试又落第。

当时，洪秀全还不知道科场的黑暗。考生要在报考单上填写父祖三代履历，考官以门第纳士的多，以才学取贤的少。再说，秀才名额有限，小县取八名，中县取十二名。洪秀全父祖几代都务农，怎么能与世代书香和官宦绅士的子弟公平竞争呢？

《劝世良言》

秀才考了四次都考不上，带给他的只有绝望和愤恨。一天，表兄李敬芳来探望，见书柜里有一本《劝世良言》，是广州应试时基督教徒赠送的，没读过。表兄有兴趣，借回家看。还书时，劝表弟也读一读。

《劝世良言》是基督教最初的布道书，作者梁发，广东肇庆府高明县人。原是雕版印刷工人，后为来华

太平军作战指挥部
广西金田三界庙。

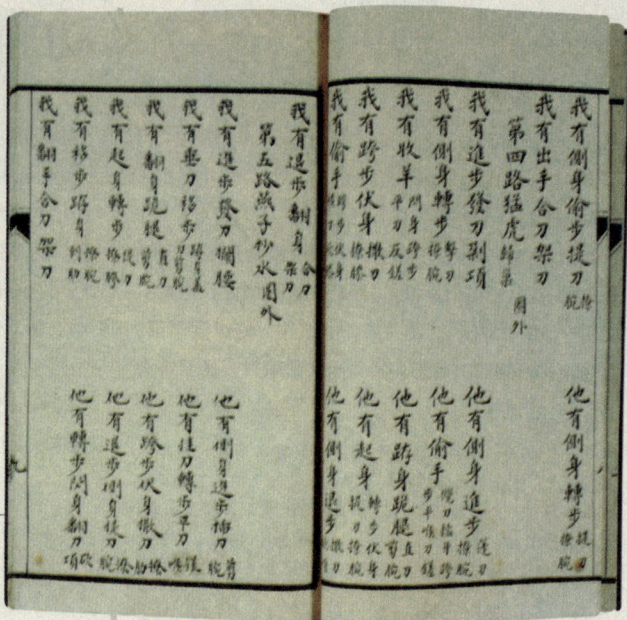

道光帝的养身防身书：《单刀谱》
《单刀谱》原名《刀谱》，撰写于康熙年间。道光帝非常喜爱这部书，平日时常研习，用以作为护身养生的书目，并且要求皇子们一同研读。

传教士马礼逊所雇用，为教会做事。此书宣扬上帝是"独一真神"，只有这一真神，才是"造化天地万物之主"，人们应该"安于天命"。说上帝派遣圣子耶稣下凡，拯救世人。还描绘出一幅"天国"的理想蓝图，说这一理想是可以实现的。

如此神奇奥妙的说教，正中洪秀全的心怀。当时的读书人信奉文昌、魁星二神，洪秀全也虔诚崇奉，可是科场屡次失意，文昌、魁星二神并没给他带来好运。经过一番苦思冥想，觉得《劝世良言》是上天特赐给自己的"天书"，可以利用"上帝"的权威，替天行道。他自称是天父的次子，耶稣的弟弟，奉命下凡来拯救世人。

金田起义

洪秀全三十八岁生日这天，在金田村公开宣布起义，走上武装反清的道路。

民间歌谣流传

经过多年的努力，洪秀全等认为，拜上帝会武装起义的准备工作基本完成。1849年末，湖南天地会李元发在新宁起义，而广西天地会更是在浔江南北发起多次武装斗争。一时烽火四起。洪秀全看到大展宏图的时机到了。

当时在民间流传这样的歌谣：

百万身家欠我钱，
不穷不富任耕田；
无食无穿跟我去，我钱常在富家边。
贫穷子弟跟我去，富贵之人欠我钱；
恶人该早死，害人留耕田。

会集群众团营

1850年春，洪秀全迫不及待地在平在山穿起了黄袍，周围的人也都跑来，虔诚地朝见他。这可急坏了萧朝贵。他假托天兄下凡教诫说："不可令外小见，根机不可被人识透。"天兄之言不能不听，洪秀全一边加紧起义准备，一边散布上帝降言说："我将遭大灾降世，凡信仰坚定不移的将得救。"

就在此时，洪秀全派秦日纲、陈承瑢到广东家乡去接家属。同年夏天，洪仁发、洪仁达等来到了紫荆山。萧朝贵立即以天兄下凡附体对他们作一番安抚："尔要信他（洪秀全）讲，同打江山。他有一天，尔有一天。他有得食，尔有得食。他有得穿，尔有得穿。"表述了拜上帝会的农民同富贵、共患难的理念。

7月，洪秀全发出"团营"的总动员令。"团营"是将起义群众集中起来，结营组军。来自各地的群众会集金田村，在临行前将田产屋宇变卖，所得钱银悉数交给"圣库"。变卖家产后一无所有，偕同全家老小来到金田村，他们的衣食杂用都从公款支付，一律平均，执行"圣库"制度。

地方当局察觉到"聚众闹事"，不断派兵"搜剿"。年底，广西浔州协副将李殿元等率部包围了洪秀全、冯云山所在的平南县花洲山人村，在村周围遍插短尖木桩，封锁道口，断绝交通。杨秀清在金田闻讯，立即派众救援。"迎主之战"大获全胜，洪、冯

最大的玉玺之一：太平天国天王玉玺（及上图）天王玉玺象征了太平天国的最高军政权力。这方青白玉玺为太平天国后期所用。它与幼天王玉玺在历代玉玺中是最大的两方。

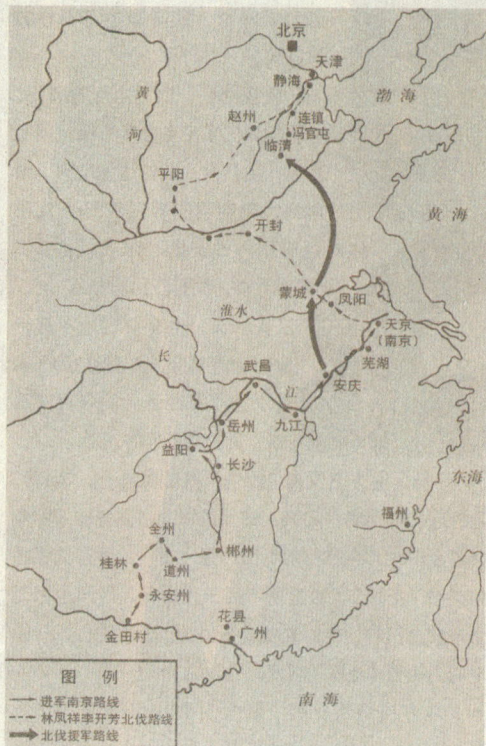

太平天国进军路线示意图

二人被接往金田村。总兵周凤岐和副将李殿元等又率兵攻打金田村，在蔡村江边遇上伏击，大败而归。

金田起义

道光三十年十二月初十日（1851年1月11日），正逢洪秀全三十八岁生日，在紫荆山南麓的广西桂平县金田村，旗帜飘扬，刀枪闪亮，两万多名贫苦农民、烧炭工人、小商人和一部分知识分子齐集在这里。洪秀全手握斩妖剑，登上高台，庄严地宣布起义。正号太平天国，册封幼主。四周的男女战士高举刀枪，振臂同呼：杀妖！杀妖！口号声响彻了山麓。

在众人的欢呼声中，洪秀全颁布五条军纪：（一）服从天父、天兄、天王的命令；（二）男女分营；（三）秋毫莫犯；（四）公心和睦，各遵头目约束；（五）同心合力，不得临阵退缩。

太平军将士一律蓄发易服，用黄布或红布包头。清王朝强令臣民剃发结辫，太平军留长发，表达他们坚决反抗清王朝的决心。

起义后两日，洪秀全率领太平军顺大湟江东进，一举攻占了大湟江口。江口位于浔江、大湟江的交汇处，交通便利，商贾云集，经济和军事上都占有相当重要的地位。洪秀全在江口设立大营，一面发动群众，一面布置防务。

3月23日，在广西武宣县东乡，万名群众拥戴他们的救世主洪秀全为天王。洪秀全封杨秀清为左辅正军师、领中军主将；萧朝贵为右弼又正军师、领前军主将；冯云山为前导副军师、领后军主将；韦昌辉为后护又副军师、领右军主将；石达开为左军主将。这个五军主将制度，形成太平天国前期的领导核心。

这一年是太平天国辛开元年。

反抗清朝从头开始

清朝反清武装多以蓄发为标志。太平天国更是定为制度，目的是以统一的形式来反抗清朝剃发留辫的规矩，具有极强的政治含义。图为当时英国人呤唎所绘太平军的发型样式。

○一二

天朝田亩制度

它是太平天国理想的描绘，也是几千年来中国农民为之奋斗的蓝图。

中国农民几千年理想的结晶

咸丰三年（1853），太平天国攻占金陵（南京）后，颁布了《天朝田亩制度》；

咸丰十年（1860），太平天国在歼灭江南大营、天京（南京）解围后，重颁了《天朝田亩制度》。

《天朝田亩制度》作为天王钦定，镌刻成册，散发全军全民，让人人都知道。它是天王为首的太平天国将士的理想国、人间天堂，太平的天国。

《天朝田亩制度》内容非常丰富。中国农民斗争了几千年，都是为了有块自己的田亩。现今总算有位洪秀全拿出了一个完整的方案。因此即使有人认为它是宣扬了农民小生产者的平均主义，也应该赞扬、肯定。

实现不了的理想是空想

《天朝田亩制度》规定了未来社会的土地制度、社会组织以及礼俗、教育、选举、赏罚等一系列的样式和规范，以实现"有田同耕，有饭同吃，有衣同穿，有钱同使，无处不均匀，无人不饱暖"的理想。

通俗地说，就是什么人什么事什么物品，都得要排排坐、吃果果，吃喝大锅饭，保证不会饿肚子。这在理念上又是多么激动人心。但却只是纸上写的，最多也是说说。在太平天国，谁会把它当作真的呢！

国库是"小金库"

《天朝田亩制度》的一大精神，就是完全、彻底地取消私人财产。无论是城乡、国家机构和军队，都分别设有国库，由国库支配社会家庭生活、红白喜事。其实从洪秀全武宣称王、永安建国，领袖和高级成员就享有很多特权。至于后来那些所谓的国库，所

《天朝田亩制度》书影

《天朝田亩制度》是太平天国定都天京后，于1853年颁布的一个以解决土地问题为中心的农民斗争纲领和社会改革方案，是太平天国的基本纲领。它提出了"凡天下田，天下人同耕"的原则，决心建立"有田同耕、有饭同吃、有衣同穿，有钱同使，无处不均匀，无人不饱暖"的地上天国，集中表达了几千年来中国农民对土地的强烈愿望。还规定"天下人人不受私，物物归上主"，表明农民群众集中幻想在维护小农经济的基础上，消灭剥削和贫困。

太平天国的一个礼拜堂

太平天国军民都要做礼拜。在军中各衙馆每隔七天都要做礼拜，由长官和书手立在当中，众人分立，齐诵赞美，后又由书手写成黄表奏章，尽列全衙馆姓名，手执奏章跪地朗读，众人都跪下，读完，焚化，礼毕，民间每二十五家，设一礼拜堂，凡礼拜日，所有男妇、儿童至礼拜堂，分别男行女行听讲道理，教读洪秀全所颁布的那些"圣书"、"诏旨"。从当时英人哟唎所绘此写意画看，似乎是苏州的一个高级官员衙馆在做礼拜，此间所服黄袍、红袍，乃非民间所允许的。

太平天国铸造的"天国圣宝"钱币
太平天国的"天国圣宝"钱币颁行于1854年，钱币上的正面刻有"天国"字样，背面刻"圣宝"两字。中国历代钱币都作"通宝"，太平天国不作"通宝"而作"圣宝"，"圣"指上帝，把货币叫为"圣宝"，是表示归上帝所有，也就是归公有的意思。谓全体官民都实行国库供给制，对他们是不起任何作用的，而更多的是沦为大小新权贵的"小金库"。

同治二年（1863），淮军围攻苏州，李秀成请求离京出援，苏州是他的坐地，有很多财宝放在那里呢。他向洪秀全再三陈说利弊，洪秀全答应了，但要李秀成拿出私产十万两银子，他知道李秀成有很多钱财，乘机敲上一笔。李秀成急于要走，权衡得失，只得忍痛将天京忠王府藏银拿出七万两。

这笔巨款转到天王名下，洪秀全方才同意，但仍说所缺的，待回来补缴。他知道苏州忠王府藏的金银更多。

太平军水陆进军
咸丰三年（1853）春，太平天国放弃武昌三镇，水陆东下，直向南京。史传号称五十万大军。其实，能作战的将士不过十万，其余都是家属和由三镇携带的、胁从的民众，由图中乘船者亦可见一斑。此图为晚清人所绘。

每家只能养母鸡、母猪

太平天国初期只准天王等六人有家庭，萧朝贵、冯云山死后，到天京后的三年里，只剩下四个家庭，其他人员，包括高级官员也得夫妻分居，或者不准招夫娶妻，否则要杀头或罚劳役。这些都是天王、东王拍脑袋精心设计的。咸丰五年（1855），开始恢复家庭了。它也规定一夫一妻，但这是对普通将士和平头百姓的男女平等，而大小官员却可以按品级，要两个以上女人做合法妻子呢。这些当然写不进《天朝田亩制度》基本大纲里。

家庭是社会的细胞。

《天朝田亩制度》确实也为家庭作了设计。它规定每户人家屋前种地，屋后栽桑，男耕女织；每家只能养五只母鸡、两头母猪，说："通天下皆一式"，家

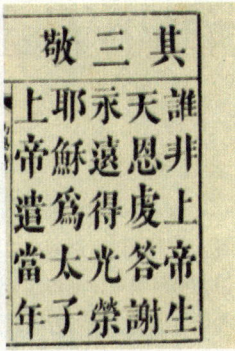

太平天国启蒙书:《幼学诗》

《幼学诗》为太平天国的启蒙课本,《幼学诗》收录敬上帝、敬耶稣、敬内亲、君道、臣道、父道、母道等五言诗。图为《幼学诗》的封面刻版及书影。

家都须如此,不准饲养公鸡、公猪,否则就会超生,造成不均等。不均等就有吃亏,是有悖《田亩制度》的。

礼拜堂教育

《天朝田亩制度》规定每二十五家为一个单元,称为"一两",就像现在的社区,除设一国库,还设一礼拜堂。各家孩子都得到那里,听两司马教读新旧遗诏圣书和洪秀全写的那些诏旨。年年读,天天读,让孩子从小接受教育,牢记天父天兄天王的莫名其妙的开导。它当然是行不通的。

太平天国十四年,先后只推出四十三本小本子,而且极大多数还是历本、文件

太平天国年间的结婚证书

太平天国颁发的结婚证书名叫"合挥","合"是结合的意思,"挥"是凭证之意。

汇编。更多的是,在未经洪秀全最后拍板时,都是禁书;禁书就是妖书,私藏、私刻是要杀头的。

丞相满天飞

《天朝田亩制度》颁布的官制,早期倒是兑现的。但它却为满足一些人的做官欲,各级官员从定额到不定额,无限扩大。像前期最高一级官员丞相原定额为二十四员,大概是"丞相"名称太吸引将士了,于是又设立"恩赏丞相"、"平胡丞相",无编制、无定员。据说某天,杨秀清兴致正好,就一口气封了几百个恩赏丞相呢。后期的"丞相"已沦为低级军官了。在咸丰十一年(1861)已见有编号为"殿右八百零八丞相"。翌年,在一个三五百人的军营,就设有十个到十五个"丞相"当领兵官。当时在一个带兵几百人的奇天福军官麾下,替他管庶务的,就是一个叫黄典存的"第一百十五癸官丞相"。丞相在数字后又按增添干支排列,更见封赐人员之多之滥了。　　〉盛巽昌

英国牛津大学藏《旧遗诏圣书》

太平天国癸好三年(1853),于天京刻印,即《旧约圣经》。"癸好"即"癸丑",太平天国忌"丑"。

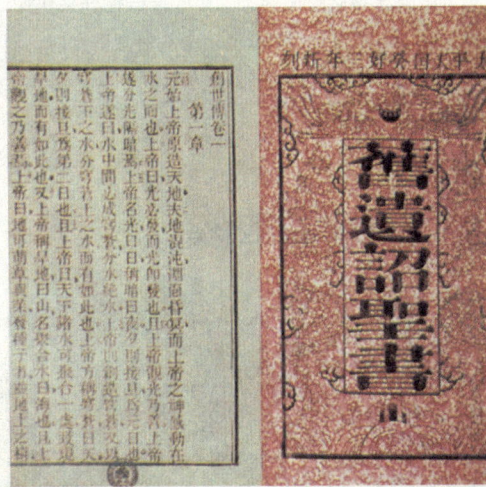

○一三

潘起亮和上海小刀会

关进木笼里

鸦片战争后的上海，十里洋场，商业繁荣，外来户递增，广东人有十万，福建人有六万，还有来自江淮、宁波的。

潘起亮是跟着父亲潘兴从南京来上海谋生的。潘兴当过管狱的禁子，因而他被称为"小禁子"，后来东传西说，就被叫做小镜子了，还说他是靠磨镜子为生的个体劳动者。但潘起亮为了谋生，确实打过很多杂，比如为绅士徐渭仁赶过四轮马车，徐渭仁办团练，他也跟去当了个小头目。

有次，这个剽悍汉子路见不平，竟与县衙兵丁发生殴斗，上海知县袁祖德胳膊向里弯，只责备潘起亮闹事，把他关进了木笼，在县衙前戴枷示众。这种作为惩罚的笼子，比常人高一个头，开始犯人关在笼里脚下还给垫上三块砖头，每天抽掉一块，要是罚站三天，两脚就会凌空，人就会活活被吊死呢！

潘起亮是必死无疑了，幸好徐渭仁赶来作保，袁祖德不得不放人。潘起亮出来，恨死了官府，他

潘起亮是上海小刀会的一个重要成员，他随刘丽川在占领上海的十七个月围城里，多次出城打败敌人，在城陷后还成功地突围，参加了太平军。

指天发誓："好男儿如果不死，总有一天报此仇。"

红布头都卖光了

咸丰三年（1853）春，太平天国定都南京，消息传来，刘丽川领导的小刀会积极响应，准备起义，他们大力发展成员，潘起亮也参加了，参加者中甚至还有不少的衙门差役、绿营兵丁。

上海豫园点春堂
咸丰三年（1853），小刀会起义时为陈阿林指挥部。陈阿林是福建帮领袖。

画家眼中的小刀会将士形象
这是一幅当时画家的速写，反映了这位画家眼中的小刀会将士的多姿形象，画面中有的士兵在演习攻城战，有的休息，有的在擦拭武器。

刘丽川　潘起亮　勇敢

《小刀会起事始末》《上海会防局史料》

人物　关键词　故事来源

开埠后的上海港

《南京条约》规定五口通商，上海便是其中之一。上海开埠后，西方资本主义国家把经济侵略中心从广州移到了上海，上海从此取代广州成为中国的对外贸易中心。图为时人所绘《五口通商后的上海港》，反映了一派船来舟往的繁忙景象。

9月初，刘丽川、陈阿林等从潜伏于衙门的小刀会成员处获得密报，库房里所藏的二十万两银子即将要启运，他们于是商定要提前起义。9月5日，天地会周立春部占领了嘉定的消息传到了上海。刘丽川等决定于9月7日起义，夺取上海。

他们商定以红布包头为标记。

上海租界市政厅旧照

上海南京路上的市政厅是原工部局所在地。当时，居住在上海的外国人在理查饭店召开了一次集会，决定成立道路、码头委员会，每年举行一次租地人大会。日后租界内的最高权力机构纳税人会议和工部局即脱胎于此。

当天上海城里布店的红布生意特别叫彩，没有一会儿连库藏积压的红布都卖光了，还是不够。有些买不到红布的小刀会成员，只得把妻女穿的红衫裤折开来用做头巾了。

9月7日，潘起亮带领几十名头扎红巾的成员赶到县衙，袁祖德见势不妙，命令衙役对抗。突然，他傻了眼，原来一瞬间，差役们个个都扎上了红头巾。原来他们早加入小刀会了。

袁祖德想溜走，潘起亮大叫："今日之事，有进无退。"说着已抡起大刀砍去。

小刀会胜利地占领了上海城。

> **历史文化百科**
>
> 〔蓄发扎巾〕
>
> 太平天国严格规定官员军民蓄发。它所制定的《天条书》规定："凡剪发剃胡刮面，皆是不脱妖气，斩首不留。"当时通常是从蓄发长短区别大小官员和资历、级别的。
>
> 太平天国的等级繁琐，日常礼制、生活待遇颇有不平等处。它规定士兵和百姓不准戴帽、穿着领的衣服，民间读书人所穿长衫、长袍必须截为短衣；头巾扎巾，士兵只能用红布，百姓只能用蓝布、灰布，他们都不能用黄布、更不能用黄绸作头巾包扎，否则就是违制，违制是要杀头的。

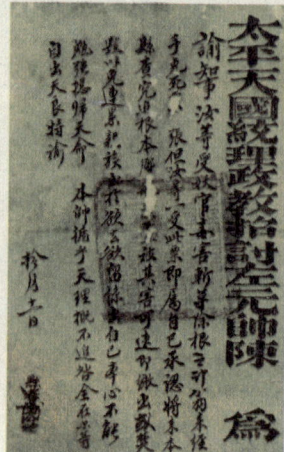

小刀会公告
咸丰三年(1853),上海小刀会的首领陈阿林以太平天国的名义颁布公告,号召群众拒收清军的"免死票"。

这次夺城,非常顺利,整个过程中只诛杀了一个知县袁祖德。

飞虎将军

刘丽川被推为大元帅。潘起亮被封为飞虎将军先行官,负责征战事宜。他受命后,就带队出征,攻占青浦、太仓,当嘉定失陷后,又与嘉定徐耀、周秀英等联手反攻。在回到上海后,主持守城。

这时城里不断发生叛乱。咸丰四年(1854)十月,潘起亮睡在城楼,忽而听得有喧闹声,原来是宁波帮谢应龙在城头接应敌军攀城,他立即招呼将士反

近代邮政的雏形
光绪四年(1878)三月,天津、北京、上海等五处海关开办了收寄公案信件的业务。为了简化收费的手续,开始发行邮票,邮票由上海海关负责印制。这种形式为中国近代邮政的雏形。图为上海海关的照片。

PLAN OF THE BATTLE OF MUDDY FLAT.

小刀会起义时,外国驻上海官员制定的企图扩大租界的作战计划图

击,平息了叛乱。翌年1月,潘起亮又与陈阿林联手出击,将清军和掩护清军的法国军队打得落花流水。这就是小刀会的"北门之战"。

一个月后,各路清军围攻上海已有整整十七个月,而城外民众接济的粮食,也因为外国人在租界筑起长墙阻隔而遭断绝了。2月17日,农历除夕之夜,小刀会会众分路突围。刘丽川在城西虹桥摆渡时被追及牺牲。潘起亮因为能讲本地话和苏南方言,竟率部顺利穿过纵横几百里的敌占区,来到江苏镇江太平天国管辖区。

洪秀全　杨秀清

骄傲　怨愤

《贼情汇纂》《李秀成自述》

人物　关键词　故事来源

定都天京

咸丰元年八月（1851年9月末），太平军攻克永安州城（今广西蒙山县）。12月，洪秀全发布诏令，给曾在东乡宣布的五军主将加封王爵：封杨秀清为东王，萧朝贵为西王，冯云山为南王，韦昌辉为北王，石达开为翼王。又封秦日纲为天官正丞相，胡以晃为春官正丞相。诏书强调"以上

东王当家

杨秀清居功自傲，不把任何人放在眼里，大有取代洪秀全之势，他一意孤行的结果将会怎样呢？

所封各王，俱受东王节制"。这就意味着，军事指挥和行政领导的实际权力，全都掌握在杨秀清手中。

大权交给杨秀清，自有洪秀全的道理。杨秀清有深厚的群众基础，在太平军里有很高威信，有智慧有胆略，也有卓越的组织能力和指挥才能。在他的领导下，各王各将听任安排，互相配合，打了一系列

天王府西花园遗址

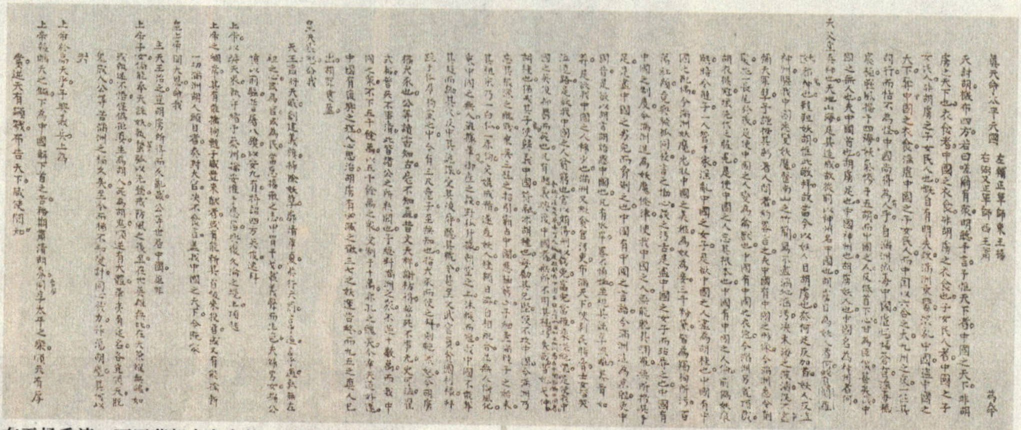

东王杨秀清、西王萧朝贵发布的《奉天讨胡檄》

胜仗。1853年3月，太平军攻克南京，定为都城，改名天京。

唯我独尊，滥施权威

太平天国取得了辉煌的胜利，杨秀清自恃功高，唯我独尊，更加威风张扬，滥施权威。只要他走出东王府，途中的将士必须跪于道旁，如有昂首直立或敢

太平天国铜炮

太平天国自铸有铜炮和铁炮，都是前膛炮。这些炮射程近，杀伤力也小。在上海周边与英法军和雇佣军作战，因为射程比他们要近得多，吃亏极大，往往未见敌军时，就遭惨伤。

于行走者，斩首不留。在他看来，自己哪点比不上天王，取而代之有何不可？永安加封的诸王，冯云山和萧朝贵已在战斗中牺牲，剩下的韦昌辉、石达开、秦日纲等人，虽都是起义时的兄弟，却是他由第二位进至第一位的障碍，所以必须先制服他们，而后才可以为所欲为。

1854年5月某一天，秦日纲燕王府内有一位牧马的，坐在府门前，见杨秀清的"同庚叔"经过，没有起身行礼。杨的"同庚叔"竟大发雷霆，打了牧马人

▷历史文化百科◁

["中国人民"出典]

中国古书已见有"中国"、"人民"。如"惠此中国，以绥四方"（《礼记·中庸》）"掌建邦土地之圆，与其人民之数"（《周礼·大司徒》）；"中国人民"，出自司马迁说，"此大较也，皆中国人民所喜好"（《史记·货殖列传》），但此与"中国"、"人民"均仅表示方位和数量。"中国人民"一词作为政治概念，专用名词于近代却始于太平天国，是一种创举。咸丰二年（1852），太平天国北上途中，由杨秀清、萧朝贵联名发布三篇檄文宣告全国，其中《奉天讨胡檄布谕四民谕》、《救一切天生天养中国人民谕》九次引用"中国人民"，如"况尔四等人民，原是中国人民"、"约同中国人民，擒斩妖胡头目首级"。

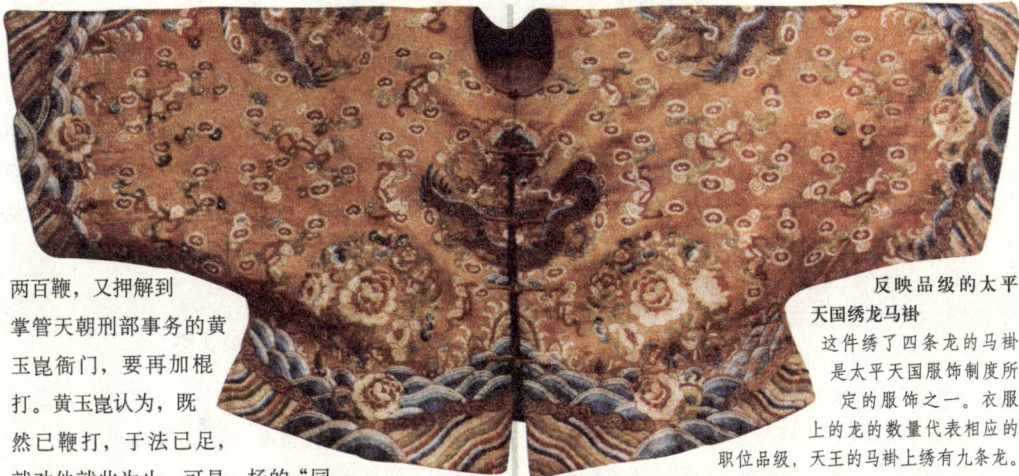

反映品级的太平天国绣龙马褂

这件绣了四条龙的马褂是太平天国服饰制度所定的服饰之一。衣服上的龙的数量代表相应的职位品级，天王的马褂上绣有九条龙。

两百鞭，又押解到掌管天朝刑部事务的黄玉崑衙门，要再加棍打。黄玉崑认为，既然已鞭打，于法已足，就劝他就此为止。可是，杨的"同庚叔"还是暴跳如雷，又大闹刑部，将公案推翻，还去杨秀清那里控告。杨秀清被激怒了，当即命令石达开逮捕黄玉崑。这黄玉崑不是别人，是石达开的岳父。黄玉崑知道后，提出辞职。秦日纲和天朝朝内官领袖陈承瑢等也都辞职。杨秀清更怒，抓拿了秦、陈，移交给韦昌辉，又分别杖打秦日纲一百，陈承瑢二百，黄玉崑三百，黄还被革去侯爵，降为伍卒，牧马人被五马分尸。黄玉崑不堪受辱，投水自杀被救起。

逼封万岁

咸丰六年（1856），打垮江南大营后没几天，东王府里鼓乐齐鸣，号声震天，一场天父附体下凡闹剧又出演了。洪秀全被召来，聆听"天父之言"。

杨秀清紧闭双目，一副不省人事的模样，假天父开口责问："你打江山已有数年，谁的功劳最大？""是东王。"假天父声色俱厉地问："既然知道他功劳大，为何只称九千岁？"洪秀全是聪明人，心里明白，赶紧回答说："东王功不可没，也当是万岁。"假天父又问："东王世子（儿子）岂止千岁？"洪秀全只得说：

"东王既万岁，世子也便是万岁，且世代都是万岁。"洪秀全作了保证，到了东王诞辰吉日，就行加封典礼。假天父这才心满意足，说了声："我回天了"，从座椅上翻身落地，众人将他扶起，慢慢地睁开双眼，"苏醒"过来。

有"天父代言人"的特殊身份，有至高无上的统治权，杨秀清真的是太聪明了，以为别人都是乖乖地向他低头屈服。他想错了，积怨于心，越积越深，这些人正在等待报复的时机呢。

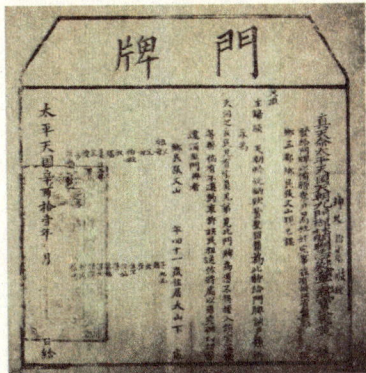

太平天国户口簿：门牌

太平天国的门牌相当于户口簿，图为咸丰十一年（1861）太平天国宝天义黄呈忠发给浙江绍兴张文山的门牌。

〇一五

曾国藩出山

曾国藩的湘军，原先是湖南的一支团练，他练军得法，终于打垮了驰骋十八省的太平军。

靠办团练起家

咸丰二年（1852），咸丰帝就南方太平天国和天地会等如火如荼曾多次下诏，任命在籍的尚书侍郎等高级官员就本省帮办团练。但在太平军的打击下，所任命的49个团练大臣垮了48个，只剩下湖南团练，反而在与太平军多次较量中，茁壮成长，成为继八旗、绿营后，清王朝的一支颇有战斗力的正规军。

它的主要创办人就是曾国藩。

曾国藩做过多任侍郎，工部、礼部、户部都呆过，很有政治远见和社会经验。他在太平天国撤长沙之围、北上武昌前夕，接到圣旨帮办湖南巡抚张亮基团练。咸丰三年（1853）二月，他们在长沙筹

湘军核心人物胡林翼像

胡林翼（1812—1861），字贶生，号润芝、润之。长沙府益阳（今属湖南）人。早年就读于长沙岳麓书院。道光进士，授翰林院编修、湖北巡抚。参与湘军重大决策，注意调护湘军的内外关系，保障湘军饷需，整顿吏治，世以"曾胡"并称。有《胡文忠公遗集》传世。本图系清末吴友如绘。

办团练事宜。曾国藩提出所谓"团练"的"团"，就是搞地方保甲，选定乡绅当团首；"练"，就是强化训练乡兵，平时集中县城，随时应召作战。就此组成了一支庞大的练勇。它就是后来天下皆知的"湘军"，但曾国藩从来谨慎，为避免满洲贵族猜忌，始终称己部为"湘勇"。

严格选择兵将

曾国藩的湘勇，有很多特色。他们只听命曾国藩和曾国藩安排的将帅指挥，他人不得过问。曾国藩生长农村，深知家族是社会基础，因而选取骨干和准骨干，都着意亲戚、朋友、师生、同学和同乡等关系，以利于统一指挥、统一调度、统一步伐。当然这些血缘、亲缘、地缘，甚至是业缘、地缘关系，还得有标准。曾国藩用将有能治兵、不怕死、不急于见利、耐苦等五项标准，其中有一条说来有趣，就是不用"善说话之将"。他说，这些人言语圆滑，足以混淆是非。可是符合这些标准的领兵官是不多的。曾国藩宁缺不滥，甚至干脆用书生挂帅，湘军名将罗泽南、杨载福（岳斌）、彭玉麟等都是投笔从戎的文人。

至于招募的湘勇，也讲究地区，他的直属部队士兵，都得是湘乡同籍，而亲军吉字营还得是以自己住宅为中心的方圆十里内的同乡。虽是士兵，从不滥收滥用，首先必须取保具结，乃以土生土长、朴实憨厚的农民为上选，那些有市井习气的二流子、兵油子一概不要。还最好不识字不会写自己名字的。

相传湘乡县衙某次募勇，有两个农民担柴进城，见到后就报名了，委员问他们姓名，一个说姓萧，另一个说姓成，但没有名字；没有名字，怎么能写进花名册呢！还是委员聪明，抬头看见对面照墙上

世界大事记　日本毁佛寺铜钟铸大炮。

《曾国藩全集》
《湘军志》

善思　谋略

曾国藩

人物　关键词　故事来源

咸丰帝早期绘画

图为《设色人物图》，是咸丰帝在皇子时期的绘画作品。

胜，一胜于湘潭，二胜于城陵矶，把太平军赶出了湖南省。同年秋，占领武汉三镇，又大胜于田家镇。

湘军收复武汉，是清王朝与太平军作战的首次大胜，喜讯传到北京，咸丰帝大喜，赏给曾国藩兵部侍郎衔，署理湖北巡抚。曾国藩知道了，也喜不自胜，它可以解决过去湘军作战，给养都得靠地方接济，事事受人挟制的窘境。可是后来正式发表的湖北巡抚却是陶恩培，与曾国藩无缘。原来是大学士祁寯藻说了"曾国藩乃一介书生，扬臂一呼，却能夺取武汉，恐非朝廷之福"，咸丰帝就改了弦。

曾国藩的日子并不好过。

贴有"开印大吉"四字，就给他俩分别取名"开印"、"大吉"，此后他俩就从普通一兵起步，直爬上从一品提督大员。

屡战屡败，屡败屡战

咸丰四年（1854）春，曾国藩在湘潭誓师，发布《讨粤匪檄》，向太平天国宣战，接着水陆大军夹湘江而北上，与太平天国西征军交锋，虽屡战屡败，自己也曾留下两次自杀的耻辱，但屡败屡战，积小胜而大

湘军前期核心人物罗泽南

罗泽南是投笔从戎的读书人宗师，门生遍布全军，著名的如王鑫、李续宾。咸丰六年（1856），在湖北兴国州（阳新）围城时，中流弹死。据刘成禺《太平天国战史》说是被一个童子用鸟枪打成重伤的。本图系清末吴友如绘。

〔清代的"洋钿"〕

清代币制是银钱本位制，大数用银，小数使钱。外国银元的流入，主要是洋商对华贸易运载银元采购生丝、茶叶、瓷器等货物运回国内销售。仅道光前近180年间，西方及日本输入的银元就达30600万元。清代流通的外国银元多达几十种。康乾时盛行过西班牙双柱银元、威尼斯银元、法国银元、葡萄牙十字银钱、荷兰马剑银元。道光间又有大髻、小髻、蓬头、蝙蝠、双柱、马剑等名称，后来又有成色较好的墨西哥银鹰洋流通。这些外国银元，统被国人称作"洋钿"。

曾胡制定战略步骤

咸丰五年（1855）春，太平军第三次攻占武汉，击毙陶恩培，清廷只得让布政使、湘军重要成员胡林翼接任湖北巡抚，胡林翼是曾国藩好朋友，史称"曾胡"。他很有战略思想，和曾国藩制定了对付太平天国的战略，那就是在长江两岸作战，必须抓住水军优势，要以水军为主，陆军辅之，一攻武汉，武汉得手后，顺江南下；二攻九江，九江得手后，夺取安庆，然后围困南京（天京）。

胡林翼虽然后来在夺取安庆后病死了，但湘军主力水军作战，不管风吹浪打，关山重重，仍是按照这条既定方针进行的，最后取得攻陷南京的目的。

强化水军建设

曾国藩办团练时就注重水军沿江作战的重要性，咸丰四年（1854），湘军正式组合时，就有10个营。他曾花大力气设厂造船，当广东解江南大营军饷路过

湘军水师

曾国藩和湘军主要成员都注重水师建设，他与太平军作战，就以水师为主力，由此还为水师制定了一条夺取太平天国天京的战略步骤

长沙时，还奏请截留四万两，作为筹办炮船、招募水勇的经费。他终于建立起一支新型的湘军水师。

开始，水师作战并不顺利，在湘潭靖港被打得大败，后来又在城陵矶惨败，连水军总统褚汝航和陈辉龙、夏銮、沙镇邦等几个将帅全都毙命，后来水师进入江西，又中了石达开计，被分隔在九江江面和鄱阳湖里，打得七零八落。

太平军攻势猛烈，曾国藩兵败如山倒，进了南昌城，但仍念念不忘造船募勇，教练水师。这时，他又注意到对将士的素养教育，于是编写了既有教习战术，又有军纪和奖励内容的《水师得胜歌》，要他们人人唱，时时唱，牢记在心。它有八条注意：

第一船上要洁净，全仗神灵保性命。

第二湾船要稀松，时时防火又防风。

湘军攻陷九江图（清·吴友如绘）

咸丰八年（1858），湘军进攻九江，与太平军林启容部发生激战。湘军水师全部控制了长江江面，攻陷了九江城。图为《平定粤匪战图》之六《肃清浔郡江面战图》。

公元1855年 公元 1 8 5 5 年

世界大事记

英国始用来复线原理制造大炮。

曾国藩 胡林翼 李秀成

谋略

《曾国藩全集》《湘军志》

人物 关键词 故事来源

第三军器要整齐，船板莫沾半点泥。

第四军中要肃静，大喊大叫须严禁。

第五打仗不要慌，老手心中有主张。

第六水师要演操，兼习长矛并短刀。

第七不可抢贼赃，怕他来杀回马枪。

第八水师莫上岸，止许一人当买办。

其余个个要守船，不可半步走河沿。

平时上岸打百板，临阵上岸就要斩。

八条句句值千斤，你们牢牢记在心。

后来，他又作了《陆军得胜歌》一百四十八句；在咸丰八年（1858）三河战役惨败后，为整顿部队，还颁布了《爱民歌》，把湘军营规歌谣化，还要求全军各营官、哨官带头领唱。做到人人会唱，老老实实去执行。

横行长江中下游

湘军终于打造了一支强大的水师。

它横行于长江水面，所向无前，打垮了太平水师，截断粮道，分割太平军南北呼应，打败和赶走援军，先后攻占沿江重镇九江、安庆，然后从上游居高临下包围了南京（天京）。太平军多次解围未

太平天国前期官阶表（1851—1856）			
等级	名目	官爵	备考
一等	一级	正、又正军师（东王、西王）	
	二级	副、又副军师（南王、北王）	
	三级	主将（翼王）	
二等	四级	天燕、天豫	国宗（天王及诸王家族成员）无阶位，在此两阶位浮动
	五级	天侯	
三等	六级	丞相	六官正副丞相
四等	七级	检点	
五等	八级	指挥	
六等	九级	将军	含正、副将军
七等	十级	总制	
八等	十一级	监军	
九等	十二级	军帅	
十等	十三级	师帅	
十一等	十四级	旅帅	
十二等	十五级	卒长	
十三等	十六级	两司马	

（据盛巽昌著《太平天国职官志》，广西人民出版社1999年9月出版，作者略有补正）

成。同治元年（1862），李秀成二十万大军前来，却被湘军五万疲卒打败，其中一个原因就是水师控制了江面，源源不断输运粮草；翌年李秀成二十万大军由皖北再解天京之围，又是因为湘军水师游弋江面，不能渡江；且还遭到水师炮击，二十万大军被当作活靶子乱扫乱打，只剩下一万五千人。李秀成还是靠了小船才得以逃生。

武汉三镇布防图
咸丰四年（1854）五月，离太平军第二次攻占武昌还有半个月，湖北巡抚上呈清朝政府的武昌城防与太平军在汉口、汉阳的军事形势图。

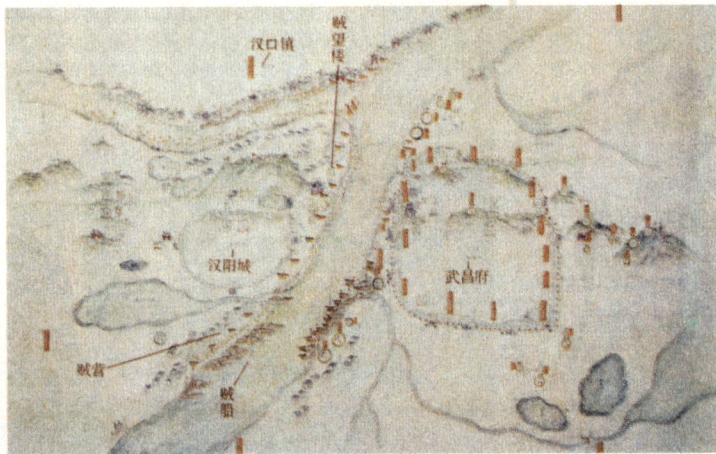

〇一七

天京内讧

天无二日。洪秀全容不得杨秀清同称万岁。密诏韦昌辉等回京"勤王"，一起高层领导集团间大规模的残杀事件发生了。

上逼天王，下压将帅

陈承瑢遭杨秀清的二百军棍后，怀恨在心，可是杨秀清早把这事忘得一干二净。他今天打这个，明天罚那个，专横跋扈惯了，谁也管不了。陈承瑢表面上谄媚阿谀，甚至不惜自己是太平天国第七位领袖，到东王府来低头哈腰侍候杨秀清的两个小儿子。杨秀清把他看成是信得过的铁哥们。1856年8月的一天夜晚，陈承瑢潜入天王府，向洪秀全告发杨秀清要在封东王万岁这天，取天王而代之的企图，并自告奋勇，愿为"除奸"，效忠天王。

洪秀全一直界定自己是上帝之第二子，太平天国的缔造者和最高领袖。可是杨秀清的权势欲膨胀迅速，还曾假托天父下凡，故意立威，要打洪秀全四十大板，后又"逼封万岁"，只差威逼天王退位了。洪秀全忍无可忍，急忙写下密诏，

差人火速送往江西、武昌和金坛前线，命令督战的韦昌辉、石达开、秦日纲等人火速返京除害。

韦昌辉自称肚肠嫩

接到密诏，韦昌辉乐得疯了似的。前不久因"天父下凡"时未通告众人，被杖责四十，打得遍体伤痕，伤口还在隐隐作痛。他想除掉杨秀清，比天王还迫切。

韦昌辉并非简单人物，他也是金田村人，父亲望子成龙，培养他读书求功名。可是屡考不中，连个秀才都不是。家里有钱，给韦昌辉捐了个监生（在国子监读书的学生），有了地位，能入

太平天国天王府内的碑额碑座（上图）
公元1853年，太平天国定都天京（今南京），随即以原两江总督署为中心，扩建为天王府。天王府分为太阳城和金龙城两部分，图为天王府内的天王纶音碑额和碑座。

清军大破通城（清·吴友如绘）
咸丰五年（1855）九月，清军攻陷武昌后，沿长江东下，进攻湖北通城，太平军因指挥失当，大批战船被毁，不久清军即攻破通城。图为《平定粤匪战图》之九《通城等县战图》，加拿大私人庄园藏。

> **〉历史文化百科〈**
>
> 〔最早的《圣经》中译完本〕
>
> 　　1807年，英国伦敦教会派传教士马礼逊到广州，给他的一个任务，就是编一本《英华字典》和将《圣经》译为汉文。1814年，他将《圣经·新约》全书译成并在广州印刷了2000部。以后又与英国传教士米怜合作，译了《旧约》部分。1819年，作为《圣经》完本，(《旧约》连同《新约》)在马六甲出版。它是通常认为最早一部汉译《圣经》完本。道光二十七年(1847)，洪秀全、洪仁玕在广州美国传教士罗孝全处，所细览的就是这部《圣经》。后来将其中部分引用于太平军中，如宗教仪式，又如把摩西"十诫"改换为"十款天条"。

世界大事记

法国举行长达半年的万国博览会。

杨秀清 韦昌辉

谗言 残忍

《金陵癸甲纪事略》《金陵杂记》

人物 关键词 故事来源

太平天国铜币

图为太平天国的铜币。正面刻有"太平天国"四字，其中"国"字里为"王"，与众不同。

"绅衿"之列。因为韦家是暴发户，为本地士绅看不起，常受欺凌。洪秀全宣传"拜上帝教"急需财力、物力。他捐献家产，又以他的富豪之家作掩护，打造武器，储存粮食，为起义成功做了不少实事；虽然参加起义较晚，但也成为太平天国首义诸王之一，还被认定为天父第五子。他同样忌恨杨秀清专权，口蜜腹剑，表面上诚惶诚恐，和杨秀清谈三四句话后，必跪谢说："非四兄教导，小弟肚肠嫩，几不知此。"极尽逢迎谄媚之能事。

东王府内血流成河

1856年9月1日深夜，韦昌辉率领三千精兵，从江西瑞州（今高安）回到天京城外，和从金坛前线赶回的秦日纲会合。陈承瑢偷偷打开城门，迎接"勤王之师"。不到两小时，便占领了城内各主要街道和据点，将东王府围了个水泄不通。

睡梦中的杨秀清被屋外刺耳的叫喊声惊醒，睁眼一看，窗外大火熊熊，屋内火光通明。刀剑的碰击声，厮杀的喊叫声，哀嚎声、哭闹声、怒斥声，响成一片。他还没明白过来，就被利剑刺中胸膛，倒在血泊中。他的家人、府中侍从及部众共数千人，都没能在这场大屠杀中幸免。

更大规模的屠杀

东王府内的屠杀只是开始，韦昌辉的目的是要将东王部属一网打尽。他想出一条毒计来，假传天王圣旨说，他和秦日纲犯了滥杀的过错，超出诏旨范围，应受杖刑四百，凡杨秀清下属必须到场观看二人受刑。

9月4日，是韦昌辉、秦日纲受杖刑之日。杨秀清属下有数万人，听说东王被杀，战友被害，无不悲痛万分。现在要惩罚刽子手，将士们感到天王英明，办事公正。所以前来观看的有几千人。他们不知是计，竟被骗卸下军械。

掌刑官举起棍棒猛打，围观将士"一下、二下、三下……"数着，全不顾身后将会发生什么。突然杀声大起，埋伏在四周的韦部兵马一跃而起，对手无寸铁的将士乱砍乱杀。又有数千太平军将士惨死在自家人的刀剑下。

屠杀持续了两个月，二万余名东王部属死于这场内讧，清澈的秦淮河水被血染红。

洪秀全借韦昌辉之刀杀害了杨秀清。

三年后，洪秀全为了团结杨秀清的其余部众，为杨秀清恢复名誉，把他被害之日定为"东王升天节"，还做诗念道："七月廿七东升节，天国代代莫些忘。"

太平军与清军作战图（清·吴友如绘）

太平天国前期，双方武器多仍是唐宋以来以刀枪为主体的冷兵器。

〇一八

石达开出走

石达开远在湖北，赶回天京，后来虽然韦昌辉被处死了，可是他也因和天王不合，只得率部远征了

返回天京，触目惊心

在湖北武昌指挥战事的翼王石达开回到天京。

展现在他眼前的是一片可怕的屠场，天京城街已面目全非，东王府内的楼阁庭院化为一片灰烬，残垣断壁上留下斑斑血迹。满目凄惨，石达开强压怒火，直奔北王府而去。

石达开的突然到来，着实叫韦昌辉恐惧万分。永安建制时，石达开被封为翼王、五千岁，比韦昌辉少一千岁，可韦昌辉不敢轻觑他。石达开在贵县家乡有深厚的群众基础，兼有一支庞大的宗族力量，洪秀全、冯云山在宣传拜上帝时与他结成异姓兄弟，称天父第七子。他作战勇敢，足智多谋，屡立战功，特别是他为人正直，深受将士们的拥戴。

太平天国的公文传递（上图）
太平天国为了方便调度各方的军队和通信联系，建立了正式的通信机构：疏附衙。图为太平天国紧急公文的封戳"云马圆戳"。

怒斥韦昌辉

石达开刚跨进门槛，连行礼都忘了，指着韦昌辉就厉声呵斥他杀戮无辜。韦昌辉把责任推得干净，说是按照天王圣旨杀逆党，啥都没错。再问他"为何还要伏击围观将士，也是奉旨行事吗？"韦昌辉哑口无言。石达开说完，一甩袖子，出了北王府。谁又能料到，恼羞成怒的韦昌辉再起杀心。

当夜，韦昌辉调集"杀手"，突袭翼王府，重演血洗东王府的一幕。翼王的家属、亲友、侍从都死在韦昌辉的屠刀下。可是找遍了院内外，也没见到石达开，就连尸首都没有。

黑夜离京城

此时，石达开已逃离京城很久了。

原来，石达开早有预感，包藏祸心的韦昌辉会下毒手，整个京城都布置了他的人马，行动晚了插翅也飞不走。

趁着黑夜，石达开越上一处把守不严的城墙，身系一条粗麻绳，从城墙上滑落而下，悄悄地消失在夜幕中。

自打金田起义以来，石达开已有六年惊心动魄的战斗经历，可不曾有过这

铁索熔断太平军撤退
咸丰四年（1854），太平军撤出武昌后，在湖北蕲州以铁索横江，清兵以熔炉烧炉熔断铁索，太平军被烧毁战船4000余艘，撤出蕲州。图为清末吴友如绘《田家镇及蕲州战图》。

清军第三次攻陷武昌

咸丰六年（1856）十月，清军进攻武昌。太平军出城与清军多次战斗，次月二十二日，清军第三次攻陷武昌。

种困境。一直到了安庆太平军营地，他才定下心来，这里是他的管辖区。天京方面传来消息，在京的家属全部遇难。石达开悲痛欲绝，恨不得立马杀进北王府，千刀万剐韦昌辉。他调集武昌洪山前线的部属四万余人火速赶到安庆，准备亲自率部赴京讨伐，为死难的太平军将士和自己的家属报仇。军至芜湖，他上奏天王，请诛韦昌辉，以平众愤，安人心。这时韦昌辉又逼洪秀全，陈兵于天王府前，有取洪代之的明显企图；洪秀全忍无可忍，经满朝文武同心协力，交战两日，活捉了韦昌辉。

石达开的选择

石达开率领"讨韦"大军行至宁国府（今宣城），得洪秀全遣人送来的韦昌辉首级，告诉他内乱已经平息，请他回京辅政。金田首义有六王，除了洪秀全外，石达开是唯一的幸存者，此时能担起重任者，非他莫属。

石达开回到天京，万众欢腾，由他主持朝政，总理国事。洪秀全加封他为"圣神电通军主将义王"，但他未接受"义王"爵，另外，洪秀全又封长兄洪仁发为安王，次兄洪仁达为福王，让他们与石达开共同主持朝政。

石达开在天京威信很高，每次议论朝政，石达开周围聚满了人，聆听他发表高见；而洪氏兄弟跟前冷落，说话无人理睬。洪秀全知道后，心里颇觉不安。

一场内乱之后，洪秀全有些领悟出其中的道理来了，他对洪氏家族以外的人不敢信任。石达开觉得洪秀全对自己"重重生疑忌"，深恐"疑多将图害，百啄难分清"。此时，摆在面前的有五条道路可走：一是束手待毙；二是委曲求全；三是取而代之；四是叛变投敌；五是出走安庆。石达开选择了出走安庆。

1857年6月，石达开先到城南雨花台向那里的太平天国将士"讲道理"。所谓"讲道理"，就是太平天国规定上级领导人为下级领导人讲解拜上帝的道理。三天后，他就不告而别，背着天王洪秀全，离开天京。沿途布告军民，说天王起疑忌，惧祸而出走，并号召天京城内外众军愿随行者前来，这样，石达开开始以安庆为基地分兵与清军作战，后来江西告急，他就率军南下，会聚了太平天国在江西的大部分将士远征了。

太平天国戊午八年

突如其来的天京内讧，使太平天国元气大伤，但仗着全军将士的努力，渡过一个个难关。

天国大厦在危难中

突如其来的天京变乱，使整个形势发生了变化。太平天国元气大伤。

天京上游军事重地武汉，精兵强将都被石达开带走，孤城无援，经不住清军的攻击，落入敌手。守卫江西的太平军也是势单身孤，缺乏防御力，不少府县被清军攻陷。江苏镇江被清军围得水泄不通，到了粮尽只能喝清水薄粥的地步。

被击溃的江北大营又重建，虎视眈眈，威逼天京。"朝中无将，国中无人"，驻守在京外的太平军遭围困和割切，无法进京勤王。原来被围困在南昌的曾国藩的日子好过多了，在家静候捷报，甚至扬言："不患今岁不平"，"金陵指日可克"。

重建五军主将制度

安王和福王靠血缘圈把握大权，没有政治军事的经验和才能，朝臣们无不反对。这时天京又被敌江南七营包围，洪秀全只得忍气吞声几次写信召石

达开回京辅政，为表示诚意，还无可奈何地削去自家兄弟安王和福王的王爵，可是石达开早已心灰意冷，死不回头。洪秀全只得提拔蒙得恩为正掌率，总调度军事。

蒙得恩是洪秀全的近臣、亲臣，金田起义前夕的"花洲迎主之役"，洪秀全等被清兵围困，蒙得恩率兵直捣清营，救出洪秀全。他在天京负责女营，为天王、东王等每年进贡美女很拿手，对治理国家却不在行。洪秀全还将当时京外拥有较多兵力的几位将领，加以名位，于1858年9月，再建五军主将制度，封陈玉成为前军主将，李秀成为后军主将，李世贤为左军主将，韦志俊为右军主将，蒙得恩为中军主将。

枞阳会议

1858年8月，李秀成和陈玉成邀集太平军各路将领在安徽枞阳召开军事大会，共议天京解围之策。会议决定各路兵马齐心协力，摧毁江北大营，打通天京粮道。会后，陈玉成军从鄂皖东进，李秀成率部由安

太平军与清军骑兵战斗
后期太平军将士已持有近代热兵器，他们以此阻击前来进犯的清军骑兵。图为当时英人呤唎所绘太平军与清军骑兵战斗场面。

洪秀全手诏
这是洪秀全命令薛之元镇守天浦的手诏。天浦，即南京对岸浦口，太平天国设为天浦省。洪秀全要求他征兵训练，征收粮饷，以防守为第一要务。

世界大事记

印度土兵起义抗英，延续两年。

陈玉成
李秀成
李续宾

果断　勇敢

《李秀成自述》
胡林翼奏稿

人物　关键词　故事来源

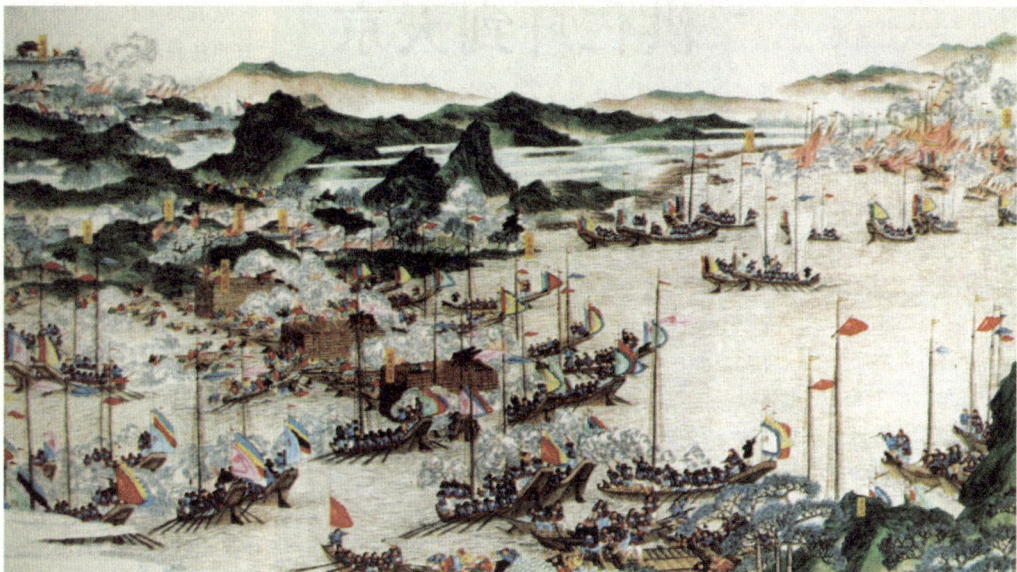

一攻一守怀庆大战

太平军攻陷了南京后派兵北伐，渡黄河围攻怀庆府（河南沁阳），清政府调集大量兵力全力解救，双方在长时间激战后，太平军撤退。图为时人所绘《怀庆解围战图》。

徽全椒开赴滁州。两军在乌衣会师，遇上德兴阿、胜保率领的清兵，太平军大败清军。次日，又在江苏江浦小店击溃江南大营总兵冯子材的五千援兵。太平军乘胜攻打浦口，歼敌万余人。江北大营既破，缓和了天京危机。

三河大捷

　　曾国藩调集湘军主力李续宾部，乘太平军主力攻打江北大营、安徽兵力薄弱之际，按照既定的战略方针出湖北，攻占安徽潜山、桐城、舒城，接着猛攻三河镇，矛头直指安庆。

　　三河镇（今安徽肥西）为庐州（今合肥）南部的屏障，屯聚米粮军火，是太平天国的军事重镇。如果再失三河，安庆处境更见困难，天京将再陷危急之

中。三河守将吴定规向陈玉成求援，一日内发送五封告急书。陈玉成这时正攻占六合，士气高涨，就率军救援，还上奏天王，请调李秀成部协同作战。天王允准了他的请求。

　　陈玉成昼夜兼程，经巢县、庐江，直奔三河南面的金牛镇。李续宾气焰嚣张，先领兵而来。这天大雾迷漫，伸手不见五指，两军交叉而过，陈玉成军听到后面马嘶人叫，就调转人马，包抄湘军的后路。庐州守将吴如孝同捻军张乐行切断了舒城通往三河的道路，李续宾成了瓮中之鳖。李秀成的部队也赶到，环攻湘军，大获全胜。击毙李续宾及曾国藩的胞弟曾国华等，歼敌六千余人。曾国藩闻讯"哀恸填膺，减食数日"，哀叹："敝邑（湘乡）弁勇，自三河败后，元气大伤。"太平军乘胜夺回舒城、桐城，再克潜山、太湖，安庆之围自解。从枞阳会议到三河大捷，才历时一百天。

　　次年，天王先后降诏晋封陈玉成为英王、李秀成为忠王。

公元 1 8 5 6 年 〉

11月，湘军攻陷武汉三镇，围攻九江。

〇二〇

三次赴香港

洪仁玕是洪秀全堂弟，也是拜上帝会的创始人。1850年，他听说金田团营，赶去参加，没有赶上，后又两度冒险跟踪、寻找也未能追上，因为清廷要逮捕洪秀全家族，只得躲到了当时已是殖民地的香港。

他在香港先后居住了七年。

咸丰二年（1852），他再次来到香港。在香港向瑞典传教士韩山文讲述洪秀全起义的经过，韩山文把它配图出版，这就是《太平天国起义记》（原名《洪秀全之异梦及广西乱事之始原》）。后来，洪仁玕从《香港新闻》中得悉太平军打进南京，遂于咸丰四年（1854）3月，首次北上到上海。时上海正闹小刀会起事，清军在通往南京的周边地区密布封锁线，而小刀会又不相信他是天王家族成员，他只得又回到了香港。在上海的五个月，跟着传教士学习天文历数，注解《新约》，还整理了自己多年给人看病的处方，结集取名为《医缘》。

洪仁玕等戒浮文巧宣谕

洪仁玕主持朝政后，与幼赞王蒙时雍、贰天将李春发联名颁发的一份文告。提出虚文之不足尚，浮文不该提倡。

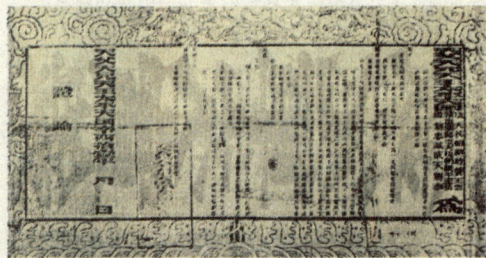

洪仁玕到天京

他是太平天国最有学问的人，也是近代中国最早向西方寻找真理、勇于实践的思想家。

从1855年到1859年，洪仁玕担任香港伦敦布道会牧师，以教授外国牧师华文为主要职业，兼在皇后大道中国人黄宽新开的西药房坐堂，向病人传播福音。他非常好学，在此期间，留心考察和学习了西方国家的政治、经济、社会制度和科学技术，也包括西方医术。他是近代中国中西医术结合的第一人。

登台拜王，全军皆惊

咸丰八年（1858）秋天，洪仁玕再次北上，这次他学乖了，从广州北上，翻过梅岭，取道湖北黄梅，绕了一

《资政新篇》书影（上图）

《资政新篇》为洪仁玕向洪秀全提出的施政建议书，1859年经洪秀全批准后刊刻颁行。其基本思想是在"用人"、"设法"两个方面，要效仿西方，进行政治、经济、文化方面的变革。全书包括前言、用人察失类、风风类、法法类、刑刑类5个部分。其中经济变革思想在书中占有重要位置，作者主张实行专利权制，鼓励发明创造，实行雇佣劳动，禁止使用奴婢，大力发展民办工业、矿业、交通运输业，兴办水利，开办银行，设立新闻馆及对外采取通商政策等。上述主张，实质是试图在中国发展资本主义经济。洪秀全对这些经济主张十分赞赏，并把它作为太平天国后期的施政纲领，但因太平天国本身历史条件所限，上述主张未能付诸实施。

> 历史文化百科 〈

〔天国军民无单名〕

太平天国从咸丰六年（1856）后，规定姓名必须三字，即必用双名，不得用单名。所谓"起名必三字，单名为妖派"，它也许是认为满洲贵族通常都是单名，为避混淆所致。所以如北王韦正，就用他的字昌辉。

大圈后，然后搭货船驶入安徽长塘河，那里是太平天国管辖区，他找到了守将，从衣襟夹带里掏出证明。他被护送到天京。

洪秀全见老弟不远千里而来，且知他在外多年，见识广阔，深为高兴。当天，洪仁玕就被封为干天福。十五天后，擢升干天义为九门护京主将（天京卫戍司令官）。当时洪秀全自兼军师，五军主将蒙得恩、陈玉成、李秀成等也只是仅次于王爵的义爵。洪仁玕没有丝毫战功，进阶本来已太迅猛了，洪秀全还嫌不够，两天后，竟传下诏旨，竟再升他为精忠军师干王八千岁，总理朝政。那是天京内讧后，顶替东王的位置了。诏旨传出，朝中、军中高官们都露不平色。洪秀全是聪明人，就传令到天王府教堂，举行隆重的登台授印仪式。洪仁玕原先已推辞再三，洪秀全对他说："风浪暂腾久自息。"

在授印仪式上，洪秀全作了三点指示：

一、京内不决之事，问于干王；

二、京外不决之事，问于成天义（陈玉成）；

三、京内京外都不能决之事，问于朕。

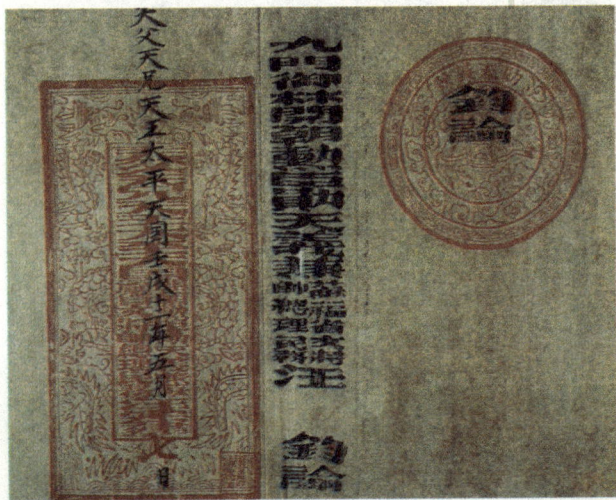

太平军典金靴衙"听使"号衣

洪仁玕在台上接了干王金印后，发表了一通相当高明的演说。他切实地说了些道理，并称赞了东王所立制度，又把从前的事件批详榜示。他博古通今，见过大世面，是当时中国很有学问、见识，最有新思维、新理念的人。这使他的话说得有的放矢、有板有眼。官员们耳聆目见，非常敬服，还称他是"文曲星"。

提出《资政新篇》

洪仁玕封王后不久，就向天王送上他的施政纲领《资政新篇》。《资政新篇》放眼世界，介绍了英国、花旗（美国）、日耳曼（德国）、瑞邦（瑞典）、丁邦（丹麦）、罗邦（挪威）、佛兰西（法国）、土耳其、俄罗斯、埃及和日本等国的地理和政体，提出要开办近代工业、铁路、银行、邮政、矿藏和保险公司。他还赞同陈玉成提出的重订法纪、强化赏罚制度，发表了《立法制宣谕》。

洪秀全开始对堂弟是备加宠信的，说他是志弥南王。洪仁玕人品极好，公正、廉洁，生活简朴。他仅有的嗜好：一是读书，求新知；二是喝酒，每餐须有酒佐餐。太平天国制度是严禁喝酒的，喝酒重则要掉脑瓜。洪秀全由此特批：唯干王可以例外，不受此限。

太平天国实寄封套

图为太平天国的实寄封套，落款时间为：太平天国壬戌十二年五月十七日。

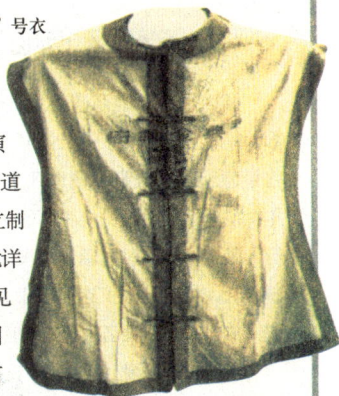

公元 1 8 5 7 年

〇二一

火烧圆明园

世间绝无仅有的人工花园

英法联军闯入举世无双的圆明园，大肆抢劫后，付之一炬

圆明园位于北京市郊西北部，是一座大型的皇家园林。它始建于明朝。到了清康熙末年，朝廷征集全国的能工巧匠进行大规模的扩建，经历了康熙、雍正、乾隆、嘉庆、道光、咸丰六朝的不断修筑，终于建成了这座宏伟、壮观，相传被当时欧洲人称为世界四大名园的"夏宫"。

全园由圆明园、万春园、长春园组成，其中圆明园最大，所以统称圆明园。它的规模巨大，方圆二十余里。

圆明园内的大水法
昔日乾隆皇帝观看喷水的盛况已一去不返，留下的是毁于1860年英法炮火的大水法遗存物。

园林和建筑紧密配合，著名的有"四十景"。有富丽堂皇的宫殿楼阁，也有轻巧雅致的亭台叠石，还有自然幽美的溪流假山。其中有不少景物仿照江南名景所建，例如，仿杭州西湖景致而作：北部的"平湖秋月"和"三潭印月"；东部的"雷峰夕照"；中部的"曲院风荷"。还有许多景物仿照古代诗人画家的诗情画意所建，例如，按"牧童遥指杏花村"诗意设计建造，具有田野村落景象的"杏花春馆"；按《桃花源记》的境界而建造的"武陵春色"；按李白"两水夹照镜"的诗境而建造的"夹镜鸣琴"等等。

除了建筑宏伟、风景如画，还珍藏着无数奇珍异宝、历史文物、书画古玩、铜瓷器皿；除了园林外，

英法联军占领大沽口炮台
第二次鸦片战争时期，英法联军凭借先进的武器和强大的战斗力，迅速攻陷了大沽口炮台。图为英法联军攻陷大沽口炮台后，原地整装休憩的情景，日本人绘。其后与清政府签订了《天津条约》，两年后直接侵入北京，火烧圆明园。

圆明园当年的盛景

还是世界上一座非常大的博物馆。可是，就是这座经营数百年，耗资数千万，中国人民用智慧和汗水凝结而成的圆明园，竟遭到英法侵略军的抢劫和毁灭。

无耻的强盗行径

1860年10月6日，震撼世界的大抢劫开始了。

最先闯入圆明园的强盗被园内的风光景致惊呆了，其中有一人惊叹道："假如你能幻想神仙也和常人一样大小，此处就可算是仙宫乐园了。我从未见过一个景色，能合于理想的仙境，今日总算开了眼界。"一个法国传教士这样描写："真人间天堂也！世传之神仙宫阙，唯此堪比拟也。"这伙强盗早在国内就听说中国的地大物博，想来此大捞一把，到了北京，圆明

园首当其冲。

最先闯入的法国强盗，个个手提肩扛，满载而归，每人至少掠夺了价值三四万法郎的金银财宝。一名团指挥官劫掠的奇珍异宝和钻石，价值高达八十万法郎以上。各种各样的钟表、珍贵文物和艺术品被夺走，堆放在军营内，其价值连城，无法估价。

英国强盗来晚一步，却不甘落后。侵略军头目格兰特竟公然下令：各军团一半军官上午抢劫，下午换另一半。后又下令：全体军人可以自由劫掠。

浩劫开始了。

一个英国军官先抢到一只镶金的花盆，盆上还用白色珊瑚琢成文字。盆内栽种一株高约一英尺的黄金树，树枝上悬挂着以红玉为核的蓝宝石果实。此外，他又抢得一

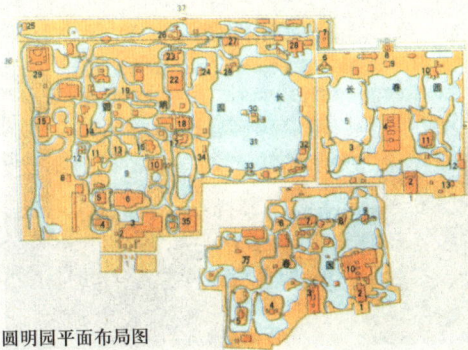

圆明园平面布局图

> **历史文化百科**
>
> 〔清朝官员称呼〕
>
> 人际往来首先是称呼。但官场称呼自来复杂。小民和下属称各级官员自有不同。知县只能称"大老爷"。据清制，凡四品以上方能称"大人"，外官则知府方能称大人。如果称巡抚，要称"中丞"，总督、大学士可称"中堂"。
>
> 州县官员见上级自称"卑职"，知府对上级称"卑府"，满官见皇帝称"奴才"。

咸丰帝对穿戴的规定

咸丰帝因后妃服饰超越了满族的规矩，于是做出具体的规定，并且写成贴落悬挂于后妃居室的墙上，可见咸丰帝的处世态度严谨。

枚皇帝用的玉玺，一只镶嵌着许多宝石的钟表，还有绸缎等，整整装了七八大筐。第二天又抢到一座七英尺高的黄金塔和其他物品，仅这座黄金塔，就值二万二千多英镑。

放火烧园，毁灭罪证

《泰晤士报》的随军记者这样报道："据估计，被劫掠和破坏的财产，总值超过六百万英镑。在场的每一个军人，都掠夺得很多。在进入皇帝的宫殿时，谁也不知该拿什么东西，为了金子而丢了银子，为了镶有珠玉的时钟和宝石，又丢了金子。无价的瓷器和珐琅瓶，因为太大无法运走，竟被打碎。"犹如一幅世上最丑恶、最生动的"百盗行窃图"。

更令人发指的是，为了毁灭罪证，英国全权大臣额尔金下令，将圆明园全部烧毁。

10月18日、19日两天，三四千名侵略军一齐出动，在园内各处放火。一时黑烟四起，结成云团，弥漫北京上空，白昼昏暗如夜晚。方圆二十里内一片火海，接连烧了三昼夜。

一座举世无双的名园和无数珍宝，被英法联军抢劫一空，化为灰烬，只剩下一堆堆颓垣断壁。

签订《北京条约》

圆明园被焚毁后，英法威逼清政府增订新的条款。他们还声称，如不答应，即将以同样手段焚毁紫禁城和其他宫殿。俄国使臣也从旁威胁，要清廷赶紧媾和，否则北京城就会因此而毁灭。此时，北京气候已渐入寒冬，白河口开始封冻，日子稍久，英法联军也难已适应了，但表面上仍以武力讹诈。咸丰皇帝只求英法联军尽早退出北京，答应了侵略者的条件，派钦差大臣奕䜣与英、法在礼部大堂，交换了被咸丰帝单方废除的《天津条约》，并分别签订了《北京条约》。《北京条约》承认《天津条约》完全有效。俄国以"调停有功"为名，要挟清廷与其签订了中俄《北京条约》。

广州十三行馆的外国商馆（铜版画）

外国商馆是专门和外国人贸易的地方。在广州的外国商馆全部集中在城外珠江北岸，商馆的最北面是一条"十三行街"。鸦片战争前夕，整条十三行街的南面商馆林立。此图为当时外国人所绘。

○二二

咸丰帝的宠臣

清朝建国二百年来，凡宏伟盖世之勋业，大都出于满洲世族及蒙古汉军之隶旗籍者。汉臣虽不娴熟骑射，将略非其所长，但不乏贤能者。清廷集大权于己族，也不忘借助汉人之力。

咸丰帝年轻，要统治偌大一个国家，没有辅政大臣不行。文庆是满洲大臣，道光二年（1822）进士，官至内务府大臣、兵部尚书、军机大臣。咸丰时复为军机大臣、协办大学士。文庆曾推荐曾国藩、袁甲三、骆秉章等人率军镇压太平军，均被采纳。他对咸丰帝说："欲办天下事，当重用汉人。彼多从田间来，知民疾苦，熟谙情伪。岂若吾辈未出国门，懵然于大计者乎？"咸丰帝很信任他，可惜咸丰六年（1856）文庆就去世了。

继文庆之后，咸丰皇帝重用载垣、端华、肃顺三位宗室、道光朝老臣。载垣是康熙帝第十三子允祥的后代，袭爵怡亲王。端华是郑亲王乌尔恭阿的儿子，袭爵郑亲王。肃顺是郑亲王端华的同母弟，是三人中最受信赖的一个，官至户部

咸丰帝避祸于避暑山庄　咸丰帝在英法联军侵入北京后仓皇出逃至热河（今承德）避暑山庄，图为避暑山庄的烟波致爽殿，咸丰帝即逃至此处，后来病死于此殿。

宠臣肃顺

咸丰皇帝，治理国家依靠皇亲国戚、满汉大臣的扶持。肃顺，是咸丰一朝最有能耐的权臣。

尚书、协办大学士、领侍卫内大臣。但三位王公与慈禧太后不合，落下"咸丰三奸"的名声。

肃顺优礼贤士

肃顺比载垣、端华精明，有才识有远见，不像他俩政绩平平、以教唆年轻皇帝娱情声色为能事。

肃顺注重人才的选拔，善于结纳贤士。他常说："满人糊涂，不能为国家出力，唯知要钱。国家有难，非依靠汉人不可。"有"肃门七子"之称的郭嵩焘、龙湛霖、王闿运、邓辅纶、尹耕云、高心夔、李篁仙，都是有才华的汉族"文士名流"，为肃顺所心折，而引为羽翼或心腹。他对待所属满族官员特别严厉、也不尊重，像奴隶一般役使，对汉族官员则极谦恭。满人意见不小，他解释说："咱们旗人混蛋多，懂得啥？

懿贵妃避暑山庄的西所
咸丰帝死后，皇太子载淳的生母懿贵妃暂时居住在为了避难而随咸丰帝一同来到的热河，而朝中权力由肃顺等八位大臣包揽，向往权力的懿贵妃积极寻找对策。图为避暑山庄懿贵妃居住的西所。

对皇帝说："懿贵妃忤逆圣意，决非安分守己之人。"劝皇帝仿效汉武帝，以处决钩弋夫人的办法，除掉懿贵妃。

钩弋夫人是汉武帝的宠妃赵婕妤，因居住钩弋宫，称钩弋夫人。她是汉昭帝弗陵的母亲。汉武帝晚年欲立弗陵为太子，又担心年轻的钩弋夫人"以子显贵"，母后乱权，自己死后不好控制，就将她赐死。咸丰帝没有汉武帝的魄力，也缺不了那拉氏服侍，当然不会除掉她。要是那时再行"钩弋故事"，19世纪的后五十年的中国历史也许是另一个样子。

汉人是得罪不起的，他们那枝笔厉害得很。"他主张重用汉族官员曾国藩、胡林翼、左宗棠等镇压太平天国。

湖南人王闿运刚到京师，初次见面，肃顺因佩服其才学，欲按八旗习俗，结为异姓兄弟。王闿运没有同意，肃顺还是很高兴，他结识了这个有识之士。

劝行"钩弋故事"

咸丰六年（1856），那拉氏生了皇长子载淳，晋封懿妃。次年，晋封为懿贵妃。那拉氏来自民间，富有阅历，是个颇有心计之人，地位越高，权势欲望越大。皇帝宠幸有加，且也偷懒，风花雪月，也顾不得祖制家法，时常让她披阅各省奏章，她对重大决策也会说三道四，干预起朝廷政事来了。

肃顺看不惯那拉氏的越权行为，对她早有戒心，曾多次提醒咸丰帝：趁早制止，以免后患。久之皇帝觉得那拉氏确实有些放纵，却不忍心制裁她。

1860年8月，英法联军攻陷大沽炮台，占领天津，进逼北京。咸丰帝即将逃往热河避暑山庄，那拉氏极力谏阻，皇帝大为不满。到达避暑山庄后，肃顺

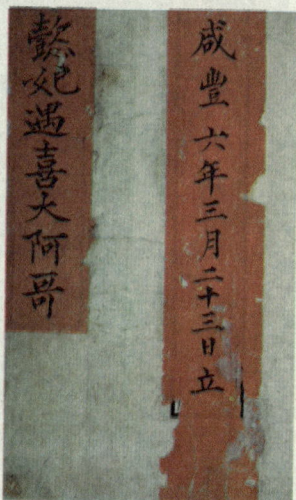

肃顺冒犯那拉氏，是往自己脖子上套绳索。那拉氏对肃顺真是恨透了，她在等待时机，一旦掌权得势，就会勒紧这条绳索。

生下皇子录入簿册
咸丰六年，被召入官的叶赫那拉氏生下了皇子载淳，不久就被晋封为妃。图为叶赫那拉氏生产皇子的记录。

○二三

咸丰皇帝早归天

咸丰皇帝体质素弱，久病咯血，每天饮鹿血治疗。来热河不到一年，病情加重，危在旦夕。咸丰十一年（1861）8月21日用罢晚餐，皇帝突然晕厥，御医急救后，恢复意识。

次日子时三刻，皇帝召见御前诸大臣，宣读两道谕旨，其一是："立皇长子载淳为皇太子。"其二："皇长子载淳现立为皇太子，著派载垣（怡亲王）、端华（郑亲王）、景寿（御前大臣）、肃顺（协办大学士）、穆荫（兵部尚书）、匡源（吏部左侍郎）、杜翰（礼部右侍郎）、焦佑瀛（太仆寺少卿）尽心辅弼，赞襄一切政务。"大臣们聆听后，请皇帝用丹毫手书，以昭慎重。此时皇帝已无握笔之力，遗诏是由大臣代笔。寅时，御膳房送来冰糖煨燕窝，一口未进。到了卯时，咸丰皇帝去世，终年三十一岁。

辅政大臣无奕訢

这时小皇帝才六岁。八个顾命大臣把年号定为"祺祥"，尊封皇后钮祜禄氏为"母后皇太后"，懿贵妃那拉氏为"圣母皇太后"。垂帘听政后，两宫太

皇弟奕訢

咸丰皇帝在热河病故，遗诏儿子载淳继位，八位大臣为赞襄政务大臣，顾命辅政。按亲疏远近、论资排辈，或按声望、能力，奕訢必当摄政之任，可偏偏没有他，他能甘心吗？

后分别加上徽号：尊母后为"慈安太后"，圣母为"慈禧太后"。

"赞襄政务"的制度原来就有，因皇帝年幼，不辅政不行。正如顺治初年辅政的多尔衮、济尔哈朗，康熙初年辅政的索尼、苏克萨哈、遏必隆、鳌拜。八位大臣取得"赞襄政务"的合法地位，理所当然地掌握大权。但是，还有比八位大臣更有资格、更有能力的是恭亲王奕訢，怎么就视而不见他的存在呢？

奕訢是道光皇帝第六子，由静贵妃所生，与咸丰帝奕詝属异母兄弟。奕詝生母孝全成皇后早死，道光帝命静贵妃抚育。虽不是亲生，静贵妃抚育如亲子，奕詝亦亲之如母。虽异母弟，只相差两岁，又在一起长大，无异于亲兄弟。

热河奔丧议大计

咸丰皇帝死去当天，朝廷发出谕旨，令恭亲王奕訢等人"在京办理一切事宜，无庸前赴行在"。皇

钦差大臣奕訢

奕訢（1833—1898），道光帝第六子，爱新觉罗氏，咸丰帝异母弟。英法联军侵入北京时，咸丰帝出逃，封奕訢为钦差大臣，留驻北京向英法求和。遂代表清政府签订了《北京条约》。

上谕和硕恭亲王奕䜣著授为钦差全权大臣办理两国换约和好事宜便宜行事钦此

咸丰十年八月初七日内阁奉

奕䜣被任命为钦差全权大臣
咸丰帝在英法联军进攻北京时出逃至热河，并且任命奕䜣为钦差便宜行事全权大臣，留在北京与英法议和。图为《奕䜣著授为全权大臣办理换约事宜上谕》。

帝病重时，留守京城的奕䜣曾奏请探病，遭到阻拦。皇帝驾崩了，连奔丧都不准，他坐立不安，又手足无措。他心里明白，是八大臣在作祟。

八大臣低估了慈禧太后。表面上，她听从肃顺等人发号施令，不露声色；暗地里，遣密使去北京，请奕䜣来热河共商大计。

9月5日，奕䜣赶到热河叩谒梓宫。在先帝灵前，伏地大恸，声彻殿陛，旁者无不下泪。自帝丧后，还没有哪一人伤心成这般模样。祭后，太后召见，载垣、杜翰不准许，说是叔嫂当避嫌疑，居丧期间，尤不宜相见。肃顺也连声称善。太后坚持召见，奕䜣请

皇帝即位后八大臣共拟年号
皇帝即位后定年号是一件要事，肃顺等八位大臣在共同商议后，拟订新皇上载淳的年号为"祺祥"，寄托了对国家祥泰平和的希望。图为《定年号奉旨用"祺祥"二字》。

端华一起进见，端华目视肃顺，肃顺笑道："老六你与两宫叔嫂耳，何必我辈陪呢？"

相会成了诉苦会，两宫太后边涕泣边述说八大臣的霸道，自己是如何忍气吞声受侵侮的，说不想再过受气的日子了。奕䜣告诉嫂嫂，要诛戮八大臣，非早日还京不可。太后怕外国使馆干扰，奕䜣保证说："外国无异议，如有难，唯奴才是问。"回京发动政变的计划在密谋中诞生。

《北京条约》的签订
咸丰十年（1860），奕䜣代表清政府分别与英法俄三国签订了《北京条约》。奕䜣在见识到外国代表的傲慢气焰后，深受刺激，其后全力倡导自强运动。图为《奕䜣与英法俄三国签订〈北京条约〉图》。

> **历史文化百科**
>
> **〔抚夷局〕**
> 咸丰十年（1860）始在北京嘉兴寺设置，于内阁部院、军机处各司员章京中，满汉籍各选拔八员，轮班入值，一切俱按军机处办理。又奏非司员轮班办事，以五日为一班，满汉各四员到署，每日一员住宿。又奏准于员作十六人中，选择满汉各两员为总办，两员为帮办，办理折奏照会文移等事。有关机密要件，内阁各员缮写；关税事件，由户部司员经理；各站驿递事件，由兵部司员经理。未久，即改为总理事务衙门。

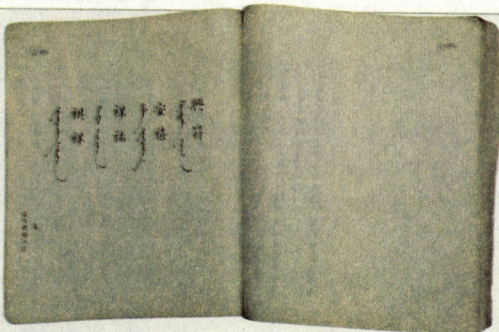

慈安太后　慈禧太后　奕訢

权术　专制

王闿运《祺祥故事》　薛福成《庸庵笔记》　《清文宗实录》

人物　关键词　故事来源

祺祥政变

两宫太后偕同小皇帝先行一步，比咸丰皇帝的灵柩早四天抵达北京，赢得了宝贵的时间

慈禧说服慈安

慈禧太后早有打算，儿子载淳是咸丰皇帝唯一的继承人，母以子贵，尊荣无比，有权有势，理所当然。但是，朝中大权不在儿子手里，也不在皇太后手里。没有其他办法，只有从辅政大臣手中夺取。

慈安太后本性懦弱，也没有什么野心，几经风波以后，有些心灰意懒。她对慈禧太后说："今日还未垂帘，就吵得不可开交，他日咱俩还不是受苦啊！"慈禧太后既有野心又有信心，她说了载垣、肃顺一大堆坏话，"这些人久辅政必谋篡逆，咱俩何以对先帝？"一个劲地劝说慈安太后，最终说服了她。

回到京城

载垣等辅政大臣议定，将咸丰皇帝的梓宫（帝后的棺椁）运回北京，两太后和皇帝先期回京准备迎接灵驾，肃顺护送灵驾在后。八大臣万万没想到作法自毙，是自己为这次政变提供了极好的条件。

咸丰十一年（1861）10月26日，是送咸丰皇帝的梓宫回京起运的日子。两太后与小皇帝在大行皇帝的灵柩前行祭奠礼后，先取道回北京，以便在东华门外跪迎。肃顺、奕訢、陈孚恩等人护送梓宫缓缓而进。相传在梓宫黄绸上放了一只贮满水的碗，在行进中不能稍有倾斜，让水溢出来，否则是大不敬，大不敬是要杀头的。先帝的梓宫又大又重，由一百二十人肩扛着平稳行走，庞大的皇家军队担任护卫，兵员多达二万余人，声势浩大。承德到北京，仅行三百里，但沿途多山路，崎岖难行，前进速度十分缓慢。

两太后偕同小皇帝匆匆赶路，让其他七位辅政大臣扈从，为的是与肃顺隔离，分解他们的力量，便于各个击破。

慈禧太后之宝（及上图）

载淳发下圣谕，同尊母后和圣母为皇太后。这枚玉玺是慈禧被尊为皇太后时所制，在慈禧的书画上使用。玉玺的印文为"慈禧皇太后之宝"，质地为青玉质。

母后生母同尊皇太后

咸丰死时，皇后钮祜禄氏只有25岁，懿贵妃叶赫那拉氏26岁。按制度，皇太子载淳须称皇后为母后，称其生母为圣母。图为载淳的谕旨《谕内阁母后皇后及生母均应尊为皇太后》，尊二人同为皇太后。

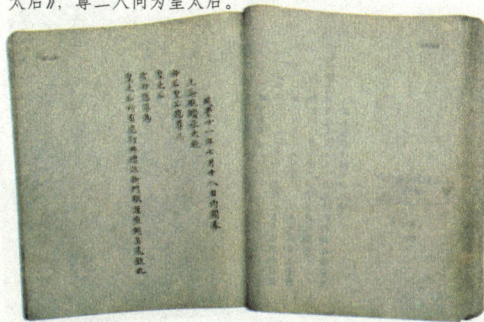

同治帝登基大典时穿的朝袍

咸丰十一年（1861）十月，皇太子载淳在太和殿举行了登基大典，图为同治帝在大典时穿着的朝袍。

恭亲王奕䜣从热河平安回到北京。按照单独与嫂嫂会见时所密谋好的，悄悄地布置起来，又是联络官员，又是组织力量。11月1日，太后一行回到北京，恭亲王奕䜣率京师王公大臣出德胜门迎接。刚刚见面，两宫皇太后就涕泣起来，哭

发布朱谕为皇太子安排左膀右臂

咸丰帝在临终前一日发布两道朱谕，一道是立载淳为皇太子，另一道就是授命御前大臣载垣、端华、肃顺和军机大臣匡源、穆荫、杜翰、焦佑瀛以及额附景寿八人赞襄一切政务，辅佐太子载淳执政，稳固江山帝业。图为《御派载垣等八人赞襄一切政务上谕》。

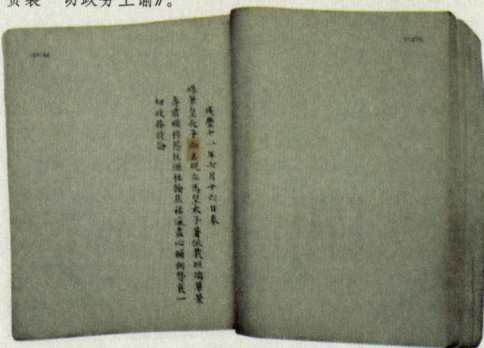

诉载垣、端华、肃顺等人飞扬跋扈，如何欺侮他们孤儿寡妇。董元醇的老师、大学士周祖培说："何不重治其罪？"皇太后说："他们都是赞襄王大臣，怎么能直接定罪呢？"周祖培答："皇太后可降旨先解除他们现职，再予拿问。"太后说："好，好办法。"周祖培曾与肃顺同掌刑部，两人有旧怨。

揭开政变序幕

第二天，阴云笼罩着紫禁城，气氛异常紧张。两太后召见奕䜣及大学士桂良、贾桢、周祖培等官员，商议大臣上奏之事。

贾桢、周祖培和户部尚书沈兆霖、刑部尚书赵光等上书《奏请皇太后亲操政权以振纲纪折》，说："唯是权不可下移，移则日替；礼不可稍渝，渝则弊生。……臣等寻绎'赞襄'二义，乃佐助而非主持也。"他们要求皇太后"不居垂帘之虚名，而收听政之实效"。同时，胜保的奏折也到京，奏请太后垂帘听政并简近支亲王辅政。情况明摆着，文武要员大多站在太后一边，大势所趋，这时候就是有支持八大臣的，也不敢出面反对。

太后宣读了早在热河草就的谕旨："内阁诸王大臣等妥议皇太后亲理大政并另简近支亲王辅政。"大

新年号新钱币"祺祥重宝"

载淳的八大臣拟订出"祺祥"年号后，朝廷开始铸造带"祺祥"字样的钱币，希望长期使用此年号。但是"祺祥"从开始启用到废除，还不满70天。

臣们异口同声地赞成皇太后亲理大政，并推举恭亲王奕䜣辅政。接着又宣布一道谕旨：将载垣、端华、肃顺革职拿问，将其他五人驱逐出军机处，派奕䜣会同大学士、六部九卿官员将八人应得之咎，分别轻重，按律秉公处置。

擒拿赞襄王大臣

载垣、端华等人还不知自己被罢了官，照常上朝而来。奕䜣大喝一声："外廷臣子，何得擅入？"载垣说："吾等辅政大臣，何谓外廷臣子？"奕䜣答："有诏。"端华说："我辈未入，诏从何来？"奕䜣命拿下，二人大叫："谁敢！"侍卫一拥而入，除了冠带，捆绑

咸丰帝死前立皇太子

咸丰帝临死前一日，发布了两道朱谕，其中之一就是宣布立载淳为皇太子，图为《立皇长子载淳为皇太子上谕》。

结实后送入宗人府大牢。还有五人也锒铛入狱，成了阶下囚。

肃顺护送梓宫到了密云县，已是夜晚。睿亲王仁寿、醇郡王奕谞奉诏捉拿肃顺，包围了肃顺投宿的驿站，破门而入。肃顺还没明白过来是咋回事，已被捆绑得不能动弹。

政变终于成功了。

野心勃勃的慈禧太后

慈禧太后（1835—1908），叶赫那拉氏，满洲正黄旗人。咸丰二年（1850）入宫，封为懿贵人。咸丰六年，生子载淳，后成为同治帝。咸丰帝去世后，被载淳尊为"圣母皇太后"，徽号慈禧，与恭亲王奕䜣联合发动政变，夺取朝中权力。图为慈禧太后的油画像画屏。

用奕䜣杀肃顺

"祺祥政变"成功后，真正掌握大权的慈禧太后连发数道谕旨提拔自己的亲信，感谢他们的忠诚和效力。最主要的是恭亲王奕䜣，授为议政王、在军机处行走。复授宗人府宗令、总管内务府大臣。再委派管理宗人府银库。奕䜣集政权、军权、族权、财权于一身并非没有道理，如果没有他的赞同和协助，慈禧再有本事，也掌不了权。

有人欢乐有人愁，该倒霉的是赞襄王大臣。慈禧和奕䜣等商议，决定将肃顺斩首，赐载垣、端华自尽。其他五大臣不是革职就是充军。

黄色幔帐掩去面容

垂帘听政时，两宫太后和皇帝同处养心殿东暖阁。由于朝廷的特殊规定，太后前面垂下黄色帘子，皇帝坐在帘子的前面，在处理朝事的过程中，大臣们只能听见太后的声音，不能看见太后的容仪。

垂帘听政

政变后，"祺祥"被慈禧太后改为"同治"，意为她与慈安太后二人同治天下。历史进入了慈禧太后统治的时代。

慈禧太后最痛恨肃顺。按照清朝祖制，宗室有罪要斩首的，仍予以宽大，只在宗人府赐自尽。但她却下令把肃顺推到菜市口斩首示众。

肃顺曾处理过几件大案，无辜受害者很多。受刑之日，他的冤家们驾车载酒驰赴西市观看。囚车内的肃顺身穿白袍布靴，沿街的儿童高喊："肃顺亦有今日乎？"或拾瓦砾泥土砸去，肃顺面貌模糊，不可辨认。肃顺在刑场肆口大骂那拉氏，"废弃遗命，紊乱家法，妄干政事"。还说："我真没想到竟上了你这娘们儿的当。"他是迟了一着。受刑前，他站立不肯跪，刽子手用大铁柄猛敲其双腿，才跪下，两腿骨已折断。

垂帘听政

大学士周祖培上疏说，新皇帝的年号"祺祥"是载垣等人所拟，二字意义重复，请更正。慈禧赞同并嘉奖了他。改"祺祥"为"同治"，意思是她与慈安二人一同治政。1861年11月11日宣布明年为同治元年（1862）。

12月2日，在紫禁城养心殿举行

慈安端裕皇太后之宝（及上图）

这枚玉玺是慈安被尊为皇太后时所制，青玉制，字体为满汉文篆书，并附有黄色绶带。

世界大事记　苏伊士运河工程开始。

《清穆宗实录》
王闿运
薛福成《庸庵笔记》
成祺祥故事
慈安太后
慈禧太后
奸佞　残忍
人物　关键词　故事来源

权力的象征：玺印

图为御赏玺印和同道堂玺印。"御赏"玺是给皇后钮祜禄氏的，顾命大臣颁布的谕旨开头必须加盖此印才算有效。同道堂玺中的同道堂是咸福宫的后殿，咸丰宣布载淳发布的圣谕结尾必须加盖此印。

垂帘听政大典。大殿正中高悬先祖雍正帝御书"中正仁和"匾额。自雍正年间起，这里一直是皇帝召见大臣、批阅奏章、处理日常政务的场所，只是今天有所不同，执掌国家大事的是两位皇太后。

小皇帝坐在宽大的龙椅上，好奇地四处张望着。恭亲王奕䜣站在左侧，醇郡王奕譞站在右侧。他们的身后，以黄色纱屏八扇为"垂帘"。纱屏后设有御案，两宫太后分坐案前。

封建社会男女有别、内外有别，太后面前设置"垂帘"，垂帘里看得见帘外人，而帘外人听得见帘里声音，却看不见帘里人，

历史上早有"太后临朝"。汉高祖刘邦的皇后吕雉，生子刘盈。刘邦死，刘盈即位，因年幼，吕后代理朝政。刘盈死，立少帝，她临朝称制。但当时还没有实行"垂帘"。

清朝有几个年幼登基的皇帝，也没有"母后垂帘听政"的先例。顺治帝福临六岁即位，他的生母和嫡

圆明园内的大水法（局部）

母同时被尊为"皇太后"，却没有垂帘听政。康熙帝玄烨八岁即位，他的生母和嫡母也同时被尊为"皇太后"，也不曾垂帘听政。两宫皇太后垂帘听政，在历史上不是首创，但她破了清王朝的家法。

垂帘听政，是慈禧太后独揽晚清政权的开端，在此后长达四十八年时间内，晚清财力日渐枯竭，疆土频遭外敌侵犯，国势日趋衰弱，民众生活日益艰辛。

同治帝大婚之后亲理朝政

同治十二年（1873）正月，即大婚的第二年，同治帝开始正式亲理朝政。图为同治帝身穿朝袍的画像。

太平军痛击"洋枪队"

清政府组织外国雇佣军用洋枪洋炮，对付太平天国。

太平军初攻上海

1860年5月，太平军打破江南大营，解除了天京的肘腋之患。为了扩大战果，巩固天京，太平天国统帅部决定攻取江南富庶地区。李秀成率部以破竹之势连克常州、无锡、苏州等地，并向松江、上海逼近。

上海是五口通商以来主要商埠。清王朝闻讯后，慌了手脚。它不愿丧失上海，可是绿营军队不堪一击。

这时，有个叫华尔的美国人出现了，他毛遂自荐，吹嘘自己能组织一支洋人的军队，招募、训练、指挥全包办。军费由清政府供给，除了给官兵高饷银外，每当攻下一城，还要支付一笔巨额赏金。苏松太道吴煦赞同并雇用了他。

华尔其人

华尔（Frederick Townsend Ward），1831年出生在美国马萨诸塞州的塞姆城。受过基础军事训练，曾在海上及中南美洲从事冒险活动。他抢劫过邮车，替职业劫掠兵头目"灰眼睛华克"训练、组织过雇佣军。他在本国遭通缉，无藏身之地，混得身败名裂。

在吴煦和候选道大商人杨坊的资助下，华尔招募在沪的外国逃兵、水手，还用重金诱骗现役水手为其卖命。因为这些人都使用洋枪洋炮，就把这支队伍称作"洋枪队"。

垂帘听政处，太后行权地
在同治帝即位的20天之后，慈安、慈禧两位太后开始垂帘听政，从此，咸丰帝临终前要求建立的顾命制度宣告彻底终结。图为养心殿东暖阁，即太后垂帘听政之地。

公元1860年
公 元 1 8 6 0 年

世界大事记　俄国建海参崴城。

《李秀成自述》

正义　勇敢
华尔

人物　关键词　故事来源

清朝和英美的官员祭祀华尔

同治元年（1862）八月，华尔在浙东为太平军击毙。清政府将他葬在江苏松江（今上海松江区）苏家花园，在墓边修建"华尔将军祠"。祠堂正殿匾额"同仇敌忾"，有楹联"奇男万里，勋名留碧血，福地千秋，庙貌表丹心"。并为之祭祀，图为祠堂落成公祭典礼中外官员合影。

初战松江、青浦

1860年6月中旬，太平军攻克昆山、太仓、嘉定，离上海很近了。7月初，太平军攻占了松江，又北向上海，留下一百余老弱兵丁。华尔率领三百余人，乘黑夜摸到松江城下，偷袭进城。太平军不及防备，被他们偷袭成功。华尔初战得逞，又带兵进攻青浦。

7月30日，洋枪队在华尔和副领队法尔思德（Edward Forrester）和白齐文（Henry Andrea

太平军在上海前线作战

同治元年（1862）春后，太平军曾多次进攻上海，他们已配备有前膛炮、来复枪和单筒望远镜。此为当时外国人所绘。

洋枪队统领华尔

华尔（1831—1862），美国人，洋枪队统领。咸丰十一年入中国国籍，着手改制洋枪队，使其扩充至4000多人。因其抵抗太平军有功，被清政府任为副将。后来被太平军击伤致死。

Burgevine）的带领下，会同清军万人进攻青浦。青浦守将告急，李秀成从苏州亲自带领部队增援，8月2日，太平军援军大破洋枪队及清军。华尔身中五伤，所部洋枪队死伤三分之一，炮船被俘。8月9日洋枪队白齐文、法尔思德和清军再攻青浦，仍被李秀成打得大败，杀死洋枪队百余名，缴获枪炮甚多。李秀成乘胜东进，四天后再克松江；又引军北上；从而拉开了李秀成一打上海之役的序幕。

忠王李秀成进攻上海布告

咸丰十一年十二月（1862），李秀成由浙江杭州分军五路进攻上海。在上海周边都打了大胜仗，但困于安庆失守，虽得之东隅，仍因天京吃紧，处处挨打，最终遭灭亡。

历史文化百科

〔花旗国〕

清代对美国俗称。因美国商船来广州贸易，当地因见其悬挂美国旗多星条，即称之。至20世纪前期仍沿用，如美国密橘，通称花旗密橘。清代官方文书称咪唎，清人著作亦有作米利坚、弥利坚。《清史稿·邦交志》有《美利坚》篇。

087

〇二七

李鸿章创建淮军

曾国藩的湘军在攻陷安庆后，又扶植李鸿章创建了淮军，淮军按湘军建制，以近代化火器装备，通过镇压太平天国和捻军，逐渐壮大为一支维护清王朝统治的庞大的新型军队。

曾国藩所器重的高级幕僚

李鸿章是曾国藩的得意门生和重要幕僚。

曾国藩幕府俊彦如云，汇集了很多有才干的知识分子，其中一个就是李鸿章。

在太平天国进入大江南北时，李鸿章在家乡合肥也办过团练，随工部侍郎吕贤基、巡抚福济等，先后五次与太平军作战，但五战五败，其中三次是临阵脱逃，两次因没有到位而幸免，成为有名的"长腿将军"。他在战场上混不下去了，才无可奈何去投奔老师曾国藩。

曾国藩对李鸿章到来很欢迎。虽然赏识他的才干，但要求也很严格。曾国藩有与幕僚同餐的习惯，而李鸿章却因生活懒散，有时睡了懒觉，日高三丈，还未前来。曾国藩多次规劝，少有见效。时间久了，曾国藩就拉下脸皮，狠狠地批评了一顿，他才有所收敛和改正。

但曾国藩仍是赏识他的，经保奏，到咸丰九年（1859），李鸿章已是候补道。虽未实授，在曾国藩幕府里，官阶却是不低的了。

李鸿章恃才傲物，脾气倔强，有时竟然对曾国藩也不卖面子。咸丰十年（1860），曾国藩要将湘军大本营设置在安徽祁门。李鸿章说："祁门之地，难守易

清朝重臣李鸿章
李鸿章（1823—1901），字少荃，安徽合肥人。随曾国藩抗击太平军。后任直隶总督兼北洋大臣，与西方列强签署了一系列不平等条约，支持洋务运动。

攻，真像是把自己放在锅子底，听凭他人居高临下的攻击。"可是曾国藩不听。李鸿章一时性起，就离开了。不久，祁门大营遭到太平军围攻，十分危险，曾国藩已写了遗书，准备自杀呢。

李鸿章离开后，在南昌闲居了八个月。曾国藩在攻占安庆前夕，被擢升为有地方实权的钦差大臣、两江总督后，事务繁忙，又想起了李鸿章，请他回来。他是非常器重李鸿章的聪明才智的。

招集皖北团练

咸丰十一年（1861），太平军猛攻镇江。镇江是屹立在江南太平天国区域的清军孤城，守将冯子材多次请援，朝廷命曾国藩派兵。

曾国藩环视左右，认为李鸿章才大心细，是能独撑一面的台柱，于是特许他募建一支别动队，前去救援镇江。

李鸿章两手空空，但他通过同乡张树声，收罗了合肥家乡周边非常有战斗力的几支官团，隶属麾下。

曾国藩非常关切这支新建的军队，吩咐李鸿章率同带兵营官前来。他要当面考察。李鸿章带来的营官是潘鼎新、张树声、周盛传、吴长庆和刘铭传。

他们恭候在客厅。

可是一炷香过后，曾国藩还未出来。

其他营官仍是肃立恭候，唯独刘铭传却再难忍耐了。他走来走去，泼口漫骂曾中堂好大架子，竟要老子等候多时。李鸿章急忙劝阻，这时躲在屏风后面多时的曾国藩

才慢慢踱出来，向他们一一垂问、安抚。在营官们离开后，李鸿章请教老师，印象如何？曾国藩说："都是将才，而那个脸上有麻子的（刘铭传），更是不可得的帅才。"

曾国藩考虑得相当周到，为了强化李鸿章兵力，又给了湘军程学启、郭松林两营人马，由此组成拥有六千余人众的军队。它就是新建的淮军。

淮军整戈待发，正巧以冯桂芬为首的上海士绅代表团前来安庆向曾国藩讨救兵。原来这时太平天国又大规模地进攻上海，上海虽有英法占领军与清军联手防守，仍难以阻挡声势浩大的太平军。

曾国藩答应了他们的请求。因为以上海为基地，从东向西进攻太平军，配合湘军夹攻天京，这也是他的一个战略步骤。

李鸿章的淮军就此改援上海，乘着租用的英国轮船，穿过太平天国把持的东西梁山、天京等地，来到了上海。

中国租界表

租赁国	时间	地区	内容	备考
英	1843 年 12 月	上海	1848 年拓展至 2800 多亩。	1854 年与上海法、美人租地统一行政，并发展为租界。
美	1848 年	上海	1893 年扩展为 7856 亩。	1863 年与上海英租界合并，为上海公共租界。
法	1849 年 4 月	上海	经三次扩展，至 1914 年增至 15150 亩。	同上。
英	1844 年	厦门	1862 年开辟为 24607 亩。	1945 年正式收回。
英	1860 年 12 月	天津	开辟时为 460 亩，1903 年扩展为 6149 亩。	1930 年正式收回。
英	1861 年 2 月	镇江	开辟时为 156 亩。	1945 年正式收回。
英	1861 年 3 月	汉口	开辟时为 458 亩余。	1929 年正式收回。
英	1861 年 3 月	九江	开辟时为 150 亩	1927 年初收回。
法	1861 年 6 月	天津	开辟时为 439 亩。	同上。
英	1859 年 7 月	广州	开辟时为 264 亩，1900 年增至 2360 亩。	1945 年正式收回。
法	1861 年 9 月	广州	开辟时为 66 亩。	同上。
美	1862 年	天津	开辟时为 131 亩。	同上。
德	1895 年 10 月	汉口	开辟时为 600 亩。	1902 年并入英租界。
德	1895 年 10 月	天津	开辟时为 630 亩，1898 年增至 1034 亩。	1917 年收回。
俄	1896 年 6 月	汉口	开辟时为 414 亩，1901 年增至 4200 亩。	1924 年收回。
法	1896 年 6 月	汉口	开辟时为 187 亩。1902 年增至 400 亩。	1945 年收回。
日	1896 年 9 月	杭州	初为日本商民居留区。开辟时为 900 亩。	同上。
日	1897 年 3 月	苏州	开辟时面积 483 亩余。	同上。
日	1898 年 7 月	汉口	开辟时面积为 200 亩。1907 年扩充至 622 亩。	同上。
日	1898 年 8 月	天津	开辟时面积为 1667 亩。后扩展至 2150 亩。	同上。
俄	1900 年 12 月	天津	开辟时面积为 5474 亩。	1924 年收回。
日	1901 年 9 月	重庆	开辟时面积为 701 亩余。	1937 年 8 月在日本领事和侨民撤离后，事实上即被收回。
比利时	1902 年 2 月	天津	开辟时面积为 740 亩余。	1931 年收回。
意大利	1902 年 6 月	天津	开辟时面积为 771 亩。	1945 年收回。
奥地利	1902 年 12 月	天津	开辟时面积为 1030 亩。	1917 年收回。

〇二八

翼王末路

军临死地

紫打地（今四川安顺场附近）在越巂厅西北，山岭丛杂，人烟稀少，居住着彝族人民，受土司王应元的管辖。这里地势低洼，前面是汹涌的大渡河，后面是陡峻的马鞍山，左面是松林河，右面是小水（鹿子河）和老鸦漩河，正是《孙子兵法》上说的：山川险隘，进退艰难，疾战则存，不疾战则亡的死地。1863年5月14

石达开转战内地各省，继续与清军作战。他没有建立根据地，流动作战越打越被动。1863年5月，转至大渡河南岸的紫打地。

日，石达开率领四万余众到达紫打地，打算渡过大渡河，进入四川腹地。

石达开给土司王应元送去银两，王应元答应让路放行。土司是当地的土皇帝，也拥有自己的武装。石达开以为土司接受了礼物，就不会有腹背受敌的危险了。他哪会想到，王应元已被清军收买，将松林河上的铁索桥拆毁，还在沿河据险扼守，阻止石达开渡河。

石达开在到达紫打地当天，已有万余将士渡过了大渡河。时值黄昏，他却又命渡河将士全部返程，说："我从来行军谨慎，现今渡者还未过半，要是敌人突然出现，岂不危险？不如候明日一齐渡过去吧。"可是第二天，大渡河和松林小河的水陡涨数丈，他还以为是山洪暴发，稍过一两天就可平稳，到那时再渡

积极抵抗太平军的骆秉章

骆秉章（1793—1867），广东花县（今广州市花都区）人。以湖南巡抚守卫长沙八十余日，大力支持开办湘军。

石达开授杨福广职凭

这是翼王石达开授予杨福广职位的职凭，原件为墨刷，墨笔填写，上盖"太平天国圣神电通军主将翼王石达开"印，落款时间为"太平天国壬戌十二年"。

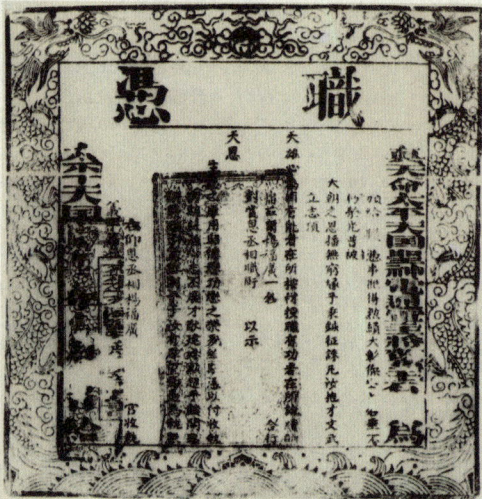

公元1860年　公元1860年

世界大事记　林肯当选为美国总统。

薛福成《庸庵笔记》《骆文忠公奏稿》
石达开　王应元
逆境　怨愤
石达开

人物　关键词　故事来源

不迟。不料三日后清军已赶到大渡河北岸布置了防务，王应元的土司部队，也来到了松林河西岸。

也有说，这天夜晚，石达开的第十四妻刘王娘生了个儿子，石达开乐极了。第二天，命令全军休整三天以示庆祝，还大摆酒宴。谁知这几天正是渡河的最佳时机。也是这一天，大渡河、松林河河水暴涨。几天后，河水虽然退下，但是原先并无清兵把守的河对岸，已被清军和土司防守得严严实实。

强渡大渡河

从5月21日开始战斗，石达开多次强攻。他曾选出精兵四五千人，用几十只木船竹筏渡河。第一批战士们用盾牌护身，手握枪矛，乘上船筏，在一泻千里的河中冲向对岸。岸边的将士们擂鼓呐喊，声震山谷，为他们助威壮胆。北岸的清兵开炮轰击，不少战士中弹落水。一些船筏上的火药被炮火击中，起火燃烧。剩下的船筏遇到激流，被卷走冲没。偶有几只冲到下游，也被清军击沉。强渡大渡河的勇士，没有一人生还。

大渡河渡不得，转向松林河。河上的铁索桥，长四十八丈，高五丈，已被拆毁过不去。夜间派出水性好的勇士泅渡过河，去偷袭对岸的指挥所，结果又告失败。

面临绝境

这时，土司岭承恩带彝兵偷袭马鞍山营地，粮库被劫。粮源断绝，战士们杀马而食，马杀完了采集桑叶、野菜充饥。

石达开给土司王应元写了信，缚在箭上，隔河射去。信中说明自己的军队旨在"恢复大夏，路经此地，非取斯土"的缘由，希望土司罢兵让路。并许赠良马二匹、白金千两，作为报酬。王应元不答应。次日，再书一信，不再请让路，只求与当地人通商购粮。王应元又拒绝。陷入绝境的石达开仍没灰心，他

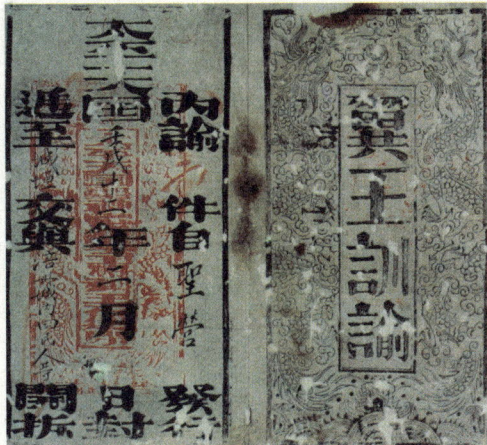

石达开的训谕

同治元年（1862），翼王石达开领兵到达四川涪州（今涪陵），到达后给当地居民训谕。图为训谕的封套，印文为"太平天国圣神电通军主将翼王石达开"。

写诗明志："大军乏食乞谁粜？纵死浪江（大渡河古称）定不降。"妻子马氏见了，服毒自尽。

英勇就义

清军派人来劝降，还在悬崖上挂起"投诚免死"的大旗。兵败垂危之际，身为统帅，石达开愿以己身换取部众的生命。他致书四川总督骆秉章，表示"死若可以安民免军，何惜一死"。6月11日，石达开传令全军剃发，将所有船筏全数打碎，枪炮刀矛概弃河内，徒手听候收编。6月13日，石达开带领数名亲信和五岁的儿子石定忠赴清营。6月16日，石达开等在清军夹道挟持下，走过桥梁，余部没有过河。就在他被押解成都途中，留在大树堡的二千二百余名将士全部惨遭围杀。

石达开被解送到成都，面对骆秉章，长揖不拜，席地而坐，不肯屈膝。清军对他恨之入骨，将他凌迟处死。临刑时，石达开毫无惧色，默然无声，直到鲜血流尽。就义时，他才三十三岁。

〇二九

苏州杀降

李鸿章淮军在苏州对投降的太平军将士大肆屠杀，它的目的是掠夺财物，扩大既得利益。

李鸿章政治诱降

同治二年（1863）秋，李鸿章淮军出上海，分兵三路包围了苏州。

太平天国防守苏州的统帅是慕王谭绍光。苏州保卫战开始以后，他舍生忘死，严密布防，淮军和常胜军屡次攻城未果，寄希望于从太平军内部打开缺口。

经过精心物色，李鸿章找到了郑国魁。郑国魁原是巢湖私盐贩子，又是识字的监生，曾参加太平军，后又投归淮军。他在太平军期间，结识了李秀成部若干部属，于是奉李鸿章之命潜入苏州城，招降纳王郜永宽、宁王周文佳、康王汪安钧、比王伍贵文等人。

叛将献出苏州城

郜永宽等被收买后，多次策划叛降方案。当时郜永宽等人拥有六万将士，把守苏州八个城门。而谭绍

李秀成主持会议图
同治元年（1862），李秀成因天京围急，两次在苏州王府召开高层军事会议。英国人呤唎写真画。帷帐中的李秀成着朝服，正在慷慨陈词，两旁侧坐为其麾下诸王。他集议全局，谋解京围，并刊《会议辑略》一书，书中有"如欲奋一战而胜围战，必须联万心而作一心。"

光的直属部队只有两万人。他们就用它作筹码，和淮军讲条件。

郜永宽、汪安钧还偷偷溜出苏州城，在一条小船上与淮军商量攻城事，表示淮军攻城时，他的军队届时将严守中立，又提出拟诱慕王至城墙上，然后将慕王活捉，解送清营。李鸿章表示，只要死人，不要活人。于是郜永宽重新拟定了在城内刺杀慕王谭绍光的计划。

慕王谭绍光已风闻投降消息，但却不知为首者就是这群王爷们，他决定召集诸王会议商讨反投降对策。于是他们发生了激烈的争吵。康王汪安钧激动地站起来，脱去了朝服，慕王谭绍光疑惑地问："你要干什么？"康王不发一言，猛地抽出匕首刺向慕王颈项，慕王未及提防，立即倒地。这时，其他诸王上前一起

清代绘《李鸿章克复苏州图》

〉历史文化百科〈

〔洪秀全改国号〕

封建帝王喜欢改元，但不改国名，国名是固定的。洪秀全却不用年号，却在国名改换上大做文章。天京内讧后，他仍企图借用神学和宗教强化自己的最高领袖坐标。咸丰十一年（1861），决定把"太平天国"改为"上帝天国"，即所谓上帝从天上到人间都是他的世界，也就是洪秀全代爸爸管理的天国；不久又觉得此国名还不贴切，又改称"天父天兄天王太平天国"。

公元1860年 ＞

世界大事记

英国蒸汽机轮船，横渡大西洋至美国。

李鸿章　郜永宽
汪安钧　　残忍
《李秀成自述》
《李鸿章全集》

人物　关键词　故事来源

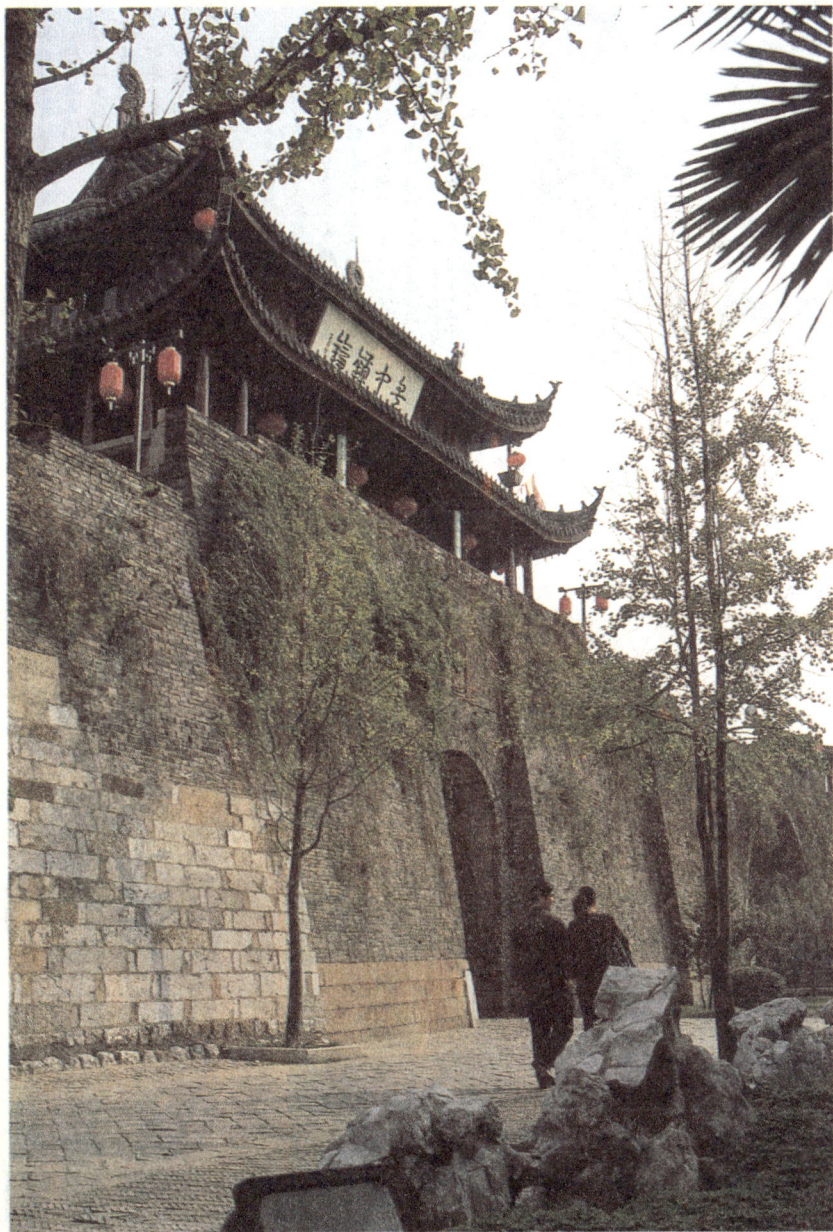

动手，抓住了慕王，并立即将他的头割了下来。

当晚，纳王郜永宽等将慕王的头颅献给李鸿章，同时出苏州城门投降，中外军队进入苏州城。

苏州陷落后，慕王部将士进行了反抗。他们将妻子儿女夹在中间，由苏州西门突围。在突围中受到很大损失，只有几千人冲出了重围。

郜永宽等投降后，以为功劳很大，非常自傲，他们没有剃发，也没有立即交出兵权，只是向李鸿章提出要当总兵副将，要划苏州城的一半给他们管理和安插部众，不但不将自己多年来搜括的"小金库"财富献呈，反而提出要发给两个月军饷。

苏州盘门

093

湘军攻陷安庆（清·吴友如绘）

在攻陷九江后，湘军曾国荃主力进攻安庆。太平军坚守安庆长达九年。曾多次击败围城的敌军。但此次却因为湘军水师控制江面，来援的陈玉成等部隔岸观火，使不出力，致使安庆被攻破。图为《平定粤匪战图》之十三《安庆省城战图》，反映了千军万马的激战场面。

而李鸿章和淮军能容纳投降，目的却是要他们乖乖地交出金银财宝。

杀降的目的

李鸿章设宴于苏州娄门外军营，传纳王郜永宽、宁王周文佳、康王汪安钧、比王伍贵文等八人会见。八人入席，各占一座，侍从分立左右。宴席正要开始的时候，忽有军官投公文给李鸿章，李鸿章随即离座外出。行酒以后，有武士八人，各人手持一红顶花翎于席前跪下，请八人升冠。八人不知是

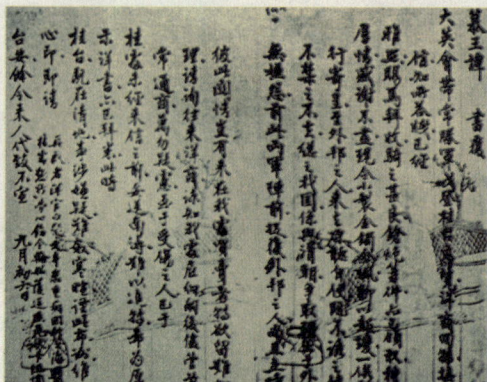

太平天国苏州守将慕王谭绍光复戈登信

谭绍光坚守苏州，多次击退淮军和戈登"常胜军"联手进犯，戈登遂以联络感情，对谭采取政治攻势。

计，洋洋得意，立即自解头上黄巾，武士及侍从手起刀落，八人头顺势落地。也有说他们没有见到李鸿章，就被埋伏的刀斧手杀死。

淮军将士随即洗劫了所有王府，攫取财宝，李鸿章抢得最多，据传仅从纳王府就抢到价值十几万两的几十颗大明珠。常胜军头子戈登迟到了一步，没有捞到。他就假惺惺指责李鸿章背信弃义，杀降不祥，双方几乎要兵戈相加。后经英国公使等从中调停，塞去一笔巨款，又重归于好。

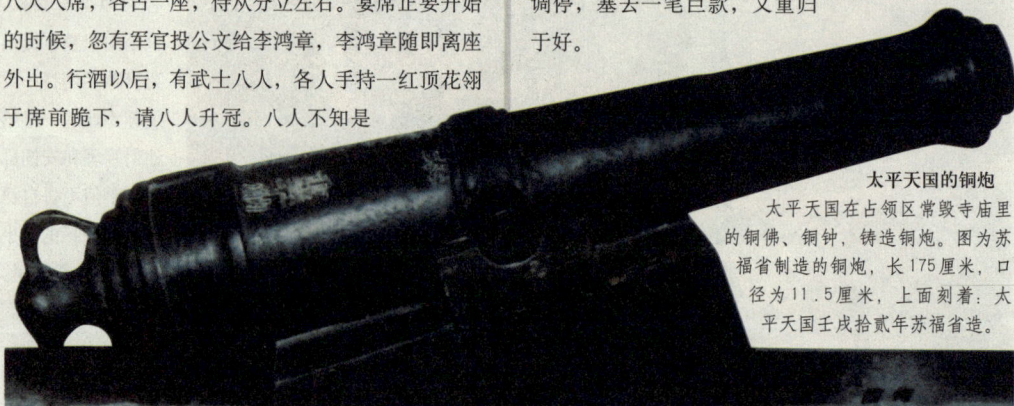

太平天国的铜炮

太平天国在占领区常毁寺庙里的铜佛、铜钟，铸造铜炮。图为苏福省制造的铜炮，长175厘米，口径为11.5厘米，上面刻着：太平天国壬戌拾贰年苏福省造。

○三○

人物　关键词　故事来源

洪秀全　荒淫

《太平天国印书》
《贼情汇纂》
《洪天贵福自述》

严格规定天王府内事
不得外传

天王洪秀全的妻子有若天上的星星数不清楚，只能说大概。

这是因为缺乏公私文献记载。有关天王府和洪秀全在天王府的诸多事宜，尤其是天王和他的女人们的罗曼史，他和他的手下均是讳莫如深的。

当洪秀全乘着龙船，得意洋洋地与大小妻子们到达安徽境区，前方捷报频传，他首先想到的是如何建造天王府。而整饬天王府就得分别内外，用一句通俗的话说，那就是他的大小妻子，其余人等不准接触，

太平天国贵妇装束

太平天国于贵妇规定，皆随丈夫品级。又有称此等妇女冬月戴风帽，夏月戴绣花纱罗围帽，如草帽形，空顶，露发髻在外。图为当时英国人呤唎所绘。

天王多妻

洪秀全有很多妻子。他从广西到南京，时刻在递增妻子数；在南京（天京）住了十一年，从不出天王府，更不出南京城，陪伴他的就是这群女人们。

不能见，也不得提及她们的芳名。天王府女官也不得将后宫言语传出，否则都要杀头的。

天王洪秀全像

民间传说的洪秀全身材魁梧，两目炯炯有神，且说他在广西赐谷村宣传拜上帝教时，更是神采奕奕，红光满面。20世纪四五十年代，又有将天地会理想的"天德王"画像，说成是洪秀全像。此图乃英国人呤唎的写意画。呤唎在天京似未见过洪秀全，所绘或听自他人所说，但仍较真实，可信，当为今存最具可信度的洪秀全像。从画中所持旗文字，此当是同治元年（1862）后，改用新国号的洪秀全晚年像了。

这就是所谓天王发布的"严别男女整肃后宫诏"。

从一个妻子到六十个女人

其实，出身草莽的不第士子洪秀全开始也只有一个妻子。

这个妻子姓钟，据说是童养媳，替他生育有一个女儿，即后称为长天金（天王大公主）的洪天姣。通常说的"赖皇后"，即是赖汉英的姐姐赖莲英，也就是洪秀全金田团营时从花县家乡接出来的那位续配妻子。当时赖莲英带着洪天姣和她的两个亲生儿子，即

南京天王府遗址一角

两岁的洪天贵（幼天王洪天贵福）和刚诞生不久的洪天曾来到金田团圆。

可是没有几个月，也就是金田起义之后，太平军离开金田挥师出大湟江，驻扎石头脚村，洪秀全住进当地地主陈存云家时，就有了其他妻子，有说十余人，语焉不详。但他在武宣东乡被拥戴为天王时，已有了三十二个妻子，估计这些都是在全军女营和途经乡镇中所选拔的中意之人。

咸丰二年底（1853年1月），太平军攻占湖北省城，这是出广西后所占领的第一个大城市，物华天宝，百货充盈，致使天王左顾右盼，目眩神迷，就在除夕之晨他亲临阅马厂，名为讲道理，实为选女人，而且是芳龄十八以下的窈窕少女。这次选了四十个女人，也有说是选了六十个女人。

为天王进贡美女

在建都天京后，洪秀全住进了天王府。天王府很大，复道临空，环回曲折。天王府不准有洪氏父子外的男人服役，甚至连太监也废除，里里外外都是女人。这在古今中外也是罕有的。

此后十一年里，洪秀全仍是热衷于选女人做妻子。选女人的一大来源是女营。太平天国前期女营全是军事化编制，因此挑选也极容易，办事效率很高。因为太平天国奉行严厉的禁欲制度，洪秀全和诸王都有足够的女人供

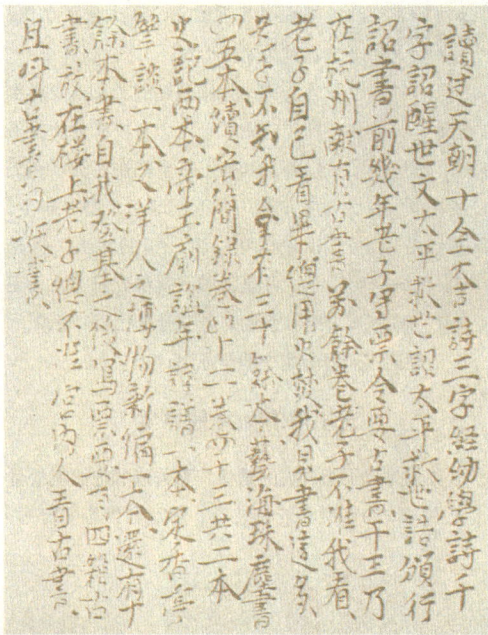

洪天贵福手迹

幼天王洪天贵福是洪秀全长子，本名天贵、后加"福"，即成当时罕有的三字名。在封幼天王前先封为真王，以至清人文书档案多误传"真王"二字为"瑱"字。被俘后，在南昌多次招供，其中自己写了七件，此是其中所写关于洪秀全读古书的一件。

应，诸如一年一度过生日，都要由各处女营各级女官选送美女，其中洪秀全和东王各占有六人。

据储枝芙《皖樵记实》记载，咸丰四年（1854），洪秀全曾有诏旨在安庆地区选女人。地方守将叶芸来就赶到潜山搜索民间姑娘。当时桐城会宫张姓女郎被选入府，洪秀全还派大员前来迎接，并举行隆重仪式：沿路彩船排列，两旁以红色绫绸，幔成甬道，锣鼓响彻数十里。在天国后期，新占城镇的太平官员仍以为天王陛下物色女人为重要差事。相传，太平军占苏州后，挑选美女运送天京，以供天王做女人，还美其名为"贡女"。

天王妻子要编号

天王多妻制，有说是据旧约《圣经》。他把占有很多女人视为绝对权威的标志。

据天王的儿子幼天王说，晚年洪秀全有八十八个妻子。当然这个数字、包括此中妻子也是经常在流动的。和他始终相守的还是赖莲英，因为洪秀全自称"天王洪日"，即洪太阳，他就封赖莲英为"又正月宫"，并用数字编第二号妻子。"又正月宫"，即是第二颗月亮。天王《天父诗》称"宫中最贵两十宫，身着月袍凤绣双"，"两十宫"，即是排名在前二十位的妻子。

洪秀全把他占有的女人不分大小先后，一概称为妻子，而不再称妾；儿子也一概称她们为"母后"。这大概就是太平天国的妇女平等吧。为了区别，便于称呼，还发明了编号法，即将她们进宫先后顺序，按数字编号相呼，所以幼天王说，我是第二个母赖氏所生，两个兄弟，一个是第十二母陈氏所生，一个是第十九母所生。当然妻子间常免不了争风吃醋。有次，赖又正月宫和第四号副月宫余氏吵架，引得洪秀全发怒，就不分青红皂白，将两个"月宫"一起打入"冷宫"，锁闭了好些时候。

>历史文化百科<

〔天下妇女都称"妹"〕

太平天国提倡男女"平等"，所谓"天下多妇女，尽是姐妹之辈"。据洪秀全说，他做梦见上帝，旁站立观世音。问如何称呼，耶稣对他说："我唤她阿妹，你为我弟，亦当唤她阿妹。"以此说明天上人间一体称妹。由是在太平天国上下妇女名字通常称"妹"，有如诸领袖眷属李四妹（洪秀全母）、萧二妹（洪仁达妻）。在建都天京后，建立庞大的女营，凡入营的江南妇女都更名为"妹"。妇女一概称"妹"，不用传统的随夫姓作某氏某氏，是一个进步。它也许是太平天国妇女唯一的一个"平等"吧！

○三一

王府夕照

天京城就有一千几百个王

太平天国王府，极大多数都是在后期营建，尤其是在咸丰十一年（1861）9月安庆失陷，广封诸王时开始的。

前期王府，不过就是首义七王的府第，它们都集中在天京。

后期王府，星罗棋布在大江上下，主要是在天京和苏南、浙江，它们的数字说不清。同治三年（1864）天京失陷前，据洪天贵福说，天京城里就有一千多个王，当时洪秀全对本家亲戚都封王，从广西广东跟出来的也封王，甚至像洪仁发的

苏州忠王府

太平天国的王爷们，特别醉心于造王府，即使在晚期，燕雀处堂，不知大厦将倾，一封为王，不及其他，首先就造王府，就像封建帝王登基，悠悠万事，先忙于为自己找寻陵墓位置。

褓褓小儿洪雕元，还未牙牙学语，也封为同王千岁。

太平天国晚期的天京王府鳞次栉比。除了十几个有权有势的王爷以外，其他王爷全都挤在天京和天京方圆几百里土地上，僧多庙少，以致镇守一乡一镇的头头，也是王。凡是王爷，就讲究府第，天王府和后期的忠王府最壮丽、奢豪。

后期诸王府颇为集中的是苏州。

忠王府有如神仙窟宅

苏州是忠王李秀成的禁脔。李秀成和他的主要骨干凭借本地的富庶和匠作技巧，营建奢侈华丽府第，

公元1861年 公 元 1 8 6 1 年 >

世界大事记　意大利成为统一王国。

《能静居士日记》
《太平天国杂记》

李秀成　荒淫

人物　关键词　故事来源

英人所绘当时天王府写景

据记载，仅苏州城里自北街至桃花坞以及硝皮巷一带，就有十多所王府，其中数李秀成的最为突出。

李秀成在天京明瓦廊有王府，当他荣升真忠军师，统率全军时，又在府第半里许快速营建新府，还拟与原府连成一片，而且在苏州另建忠王府。这是他以四年时间，动用军民匠作万余人而修筑的，直到苏州城陷，还未竣工。但它的富丽堂皇、宏伟精致，连

太平天国纳粮凭证

图为太平天国发给粮户的缴纳粮米的凭证，落款时间为：太平天国辛酉十一年。

太平天国后期官阶表（1857—1864）

名目	设立年月	备注
军师王	1859 年重设	1862 年始广泛封王，至1864 年又分封有列王、小王。则自军师王至小王，按所封千岁数字多少，可分为五等十级
特爵王	1859 年初设	
列爵王	1861 年初设	
天将	1859 年初设	
掌率	1857 年初设	有正、又正、副、又副四掌率；正掌率官阶高于副掌率
朝将	1859 年初设	
神将（国将）	1859 年初设	
神使	1861 年初设	
六部主官	1857 年初设	1857 年由天王府六官丞相嬗变，作为太平天国常务官员，晚期均封为王
主将	1858 年重设	1860 年主将兼义爵
大佐将	1859 年初设	每军统兵官（主将）副手，非佐将
天义（天翼）	1858 年初设	
天安	1859 年初设	
天福	1859 年初设	
天燕	见前期官阶表，下同	1857 年正副掌率授天燕
天豫		
天侯		
丞相		
检点		
指挥		
将军		
总制		
监军		
军帅		
师帅		
旅帅		
卒长		
两司马		自丞相至两司马仍按 1860 年重新颁布的《天朝田亩制度》

（据盛巽昌著《太平天国职官志》，广西人民出版社 1999 年9 月出版，作者略有补正）

苏州忠王府戏台

阅历颇广的李鸿章也大叹罕见："忠王府琼楼玉宇，曲槛洞房，真如神仙窟宅。"

封王后就造王府

像李秀成那样有权势的军事领袖，通常有多个王府，甚至每到一处就设王府。侍王李世贤在天京城南已有侍王府，后坐镇浙西，就在金华又营造气势雄伟的侍王府，仅大厅就可容纳千人会议，后浙西沦陷，驻扎江苏溧阳，动用几万民工建造王府，建筑材料不够，就将原官衙和城内外祠庙拆毁，大兴土木。嘉兴守将听王陈炳文还借机增征赋税。他在封王第二天，就勒令嘉兴所属县镇分派砖瓦工程费，并扩大田捐，每二十亩另再增收三千钱；为了修筑七重进的听王

府，他的手伸得很长，命令嘉善所有的窑特制砖瓦，从苏州香山招募能工巧匠前来服役；嘉兴的听王府兴建未久，陈炳文又高升为镇守杭州的主帅，于是当他走马上任之时，杭州听王府又开始构建了。

出风头，讲排场

当时太平天国已在湘淮军的重重包围圈中，危机四伏，曾国藩的主力湘军长围天京，湘军水师全部控制了长江水面，李鸿章淮军在巩固上海基地后，正引兵西进苏南，左系湘军蚕食全浙也已成定局。可是太平天国诸位军事统帅，还在忙碌于广治官室，营造府宅，出风头，讲排场。英国船长钟思在苏州失陷前，曾亲览镇守苏州诸王所营造的王府建筑，就对他们"不但不为苏州的安全忧惧，反而忙于修造府第"深为不解。

天京失陷

安庆失守后，湘军主力东下，天京被围困，两年后，李秀成提出"让城别走"，遭到洪秀全的斥责。

天王病死

安庆失陷后，湘军向天京逼近。1862年5月，曾国荃扎营雨花台，彭玉麟水师进泊护城河。

此刻，长江以北的太平军主力，陈玉成已在寿州被苗沛霖诱捕后杀害。危难之际，洪秀全只有急调远在上海战场的李秀成回京。李秀成率十三王、二十万兵力攻打曾国荃的雨花台大营，激战四十六天。太平军武器精良，多有洋枪洋炮；湘军仅五万人，且半数以上因患有传染病，丧失了战斗力，但太平诸王将都为保存自己实力，不愿恋战，且暮气沉沉，迷恋既得的奢华生活，以至未解城围而撤退，此后更是一蹶不振。

1863年后，苏州、无锡等地相继被清军攻占，天京失去依靠，成为一座孤城，被清军围得水泄不通。城内缺粮草，城外无救兵，李秀成提出"让城别走"，即放弃天京，取道江西、湖北出中原，另辟根据地，再图复兴。但遭到洪秀全的坚决反对，说："朕奉上帝圣旨诛妖救世，何惧之有，朕之天兵比水还多，何患无力抵挡清妖。"当时，清军还未合围，如组织力量突围，是可能成功的。但是天王只认死守天京一条理，"让城别走"也许是拯救太平天国的一条道路，却被天王亲自堵死了。

城内断粮，街头巷尾到处可见躺倒在地的饿死者，饥民们日夜聚集在忠王府前哭诉要粮，李秀成无奈，向天王建议放饥民出城自寻出路，天王只得允准。不到半年，有十多万饥民出城求生。1864年2月，天京城东要塞天保城被攻陷，清兵实现了对天京的合围。

洪秀全号召臣民吃"甜露"，甜露就是青草，他大概是从《圣经》看到那则耶稣故事再做活学活用的。洪秀全最后因何得病，据他儿子说："父亲平日常食生冷，自到南京后以蜈蚣为美味，用油煎食，于今

湘军攻破天京外城图（清·吴友如绘）
当时城内军民三万人，太平天国文武官员及眷属为一万人，能守城作战者仅三四千人。但仍给敌很大杀伤，首批登城的四百人全数被歼，先锋队三千人被打死一半。

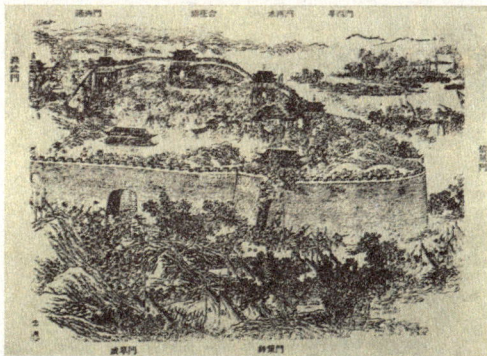

天京失陷后，湘军掘戮洪秀全尸首图（清·吴友如绘）
洪秀全病死后，不具棺，以基督教制度用黄绫包裹埋葬。被宫女黄氏指认遭湘军发掘寻获，时尸首未全烂，有白须，头秃。发掘处，通常作官殿里，或在石舫，假山深处不一，均系误传。今据洪天贵福亲书自述，系埋在新天门外御林苑东方地上，不用棺木，是使女官葬的。由此可佐证天王府均系女人，洪死后埋葬，亦无亲贵在旁也。

寓沪西绅商点灯庆太平（清末年画）

1843年上海开埠，此后各国商人来沪经商，使得上海成为万商云集的东方大都市。此幅清末年画画的是上海市民与外商共庆中外通商。

年自四月初十日起病，四月十九日病死。"而洪秀全此人患病听其自生自灭，从不尝药求医，是以身患重疾，遂于6月1日去世。五天后，群臣拥戴洪秀全的长子洪天贵福登极，号幼天王，时年十六岁。

天京失陷

7月3日，清军攻陷了天京最后一个要塞地保城。地保城位于钟山麓龙脖子，距离城根只有十多丈，虎踞太平门外。曾国荃利用地保城居高临下的地势，边发炮轰击，边挖地道攻城，仅炸药就运来数千斤。

"轰隆隆，轰隆隆"，天崩地裂的爆炸声响起，城墙被轰塌一大片。浓烟还未散去，清军蜂拥而入。幼天王在城楼上看到厮杀场面，吓得腿都软了。李秀成从太平门奔来寻找幼天王，见他手足无措，乘骑又是一匹劣马，就把自己那匹以强壮快速闻名的雪白战马和他交换。李秀成带着幼天王闯了几处城门都被挡回。初更时候，天色漆黑，他们换上一身清兵服装，从太平门被炸开的缺口处逃出，后面紧随着一大群文武官员，约有一千多人。

城内的太平军战士浴血奋战，宁愿自杀、自焚，也不肯投降敌人。清兵借搜捕逃匪为名，见人就杀，见物就抢，还到处放火焚烧，大火七日不熄，天京城的繁华荡然无存，化作一片残垣断壁的瓦砾场。

惨烈的金陵之战（清·吴友如绘）

同治元年（1862），李秀成率军60万欲解金陵之围，太平军在屡攻不下之际采用挖地道的战术，最终被清军堵截，太平军战败撤退，双方死伤惨重。图为《平定粤匪战图》之十四《金陵各营获捷战图》。

镇压太平军的曾国荃

曾国荃（1824—1890），字沅甫，号叔纯，湖南湘乡人。曾国藩九弟。曾招募军队与太平军作战，军队称吉字营，先后攻占吉安、安庆、天京（今南京）。

李秀成　曾国藩　怨愤　坚强　《能静居士日记》《李秀成自述》

人物　关键词　故事来源

护幼天王突围

1864年7月19日，天京陷落，李秀成知道没时间考虑自家老小的安全，只顾保护幼天王冲出重围。

幼天王原名洪天贵，后来洪秀全给他名字后加了个"福"字，全名叫洪天贵福，企盼儿子既贵又福。博学多能的洪仁玕曾对人说，洪天贵福很聪明，他刚看完一行书，幼主已经看了三行了。洪秀全称天王，立洪天贵福为幼主。自1860年起，洪秀全就以年方十岁的幼主名义处理政务，凡建军、设官、授职、封

曾国藩庆贺太平宴（清末年画）
此清末年画画湘军首领曾国藩宴请各路统帅，包括李鸿章、彭玉麟、左宗棠、曾国荃、骆秉章等各路统帅。

李秀成被俘

李秀成被俘后，面对酷刑不动声色，却抵挡不住曾国藩的诱降。他在囚笼中写下了数万言的"自述"。

爵等，都由幼主下诏施行。幼天王在天京最危难的时候嗣位，登极后第四十四天，都城就被清军占去。

冲出太平门缺口后，李秀成把部队一分为二，前队保护洪天贵福急走，他带领后队堵截追兵。

山顶藏身

清军的骑兵追了上来，后队人马大都战死了，李秀成也被冲散了。他骑的不是战马，赶不上队伍，这时他又迷路了，竟来到天京东南的方山顶，在一间破庙内藏身。他倚着墙根半躺下。

蒙眬中听见有人说话，起身就跑，随身带的包袱也顾不上拿。上山来的是住在山下的农民，听说天京

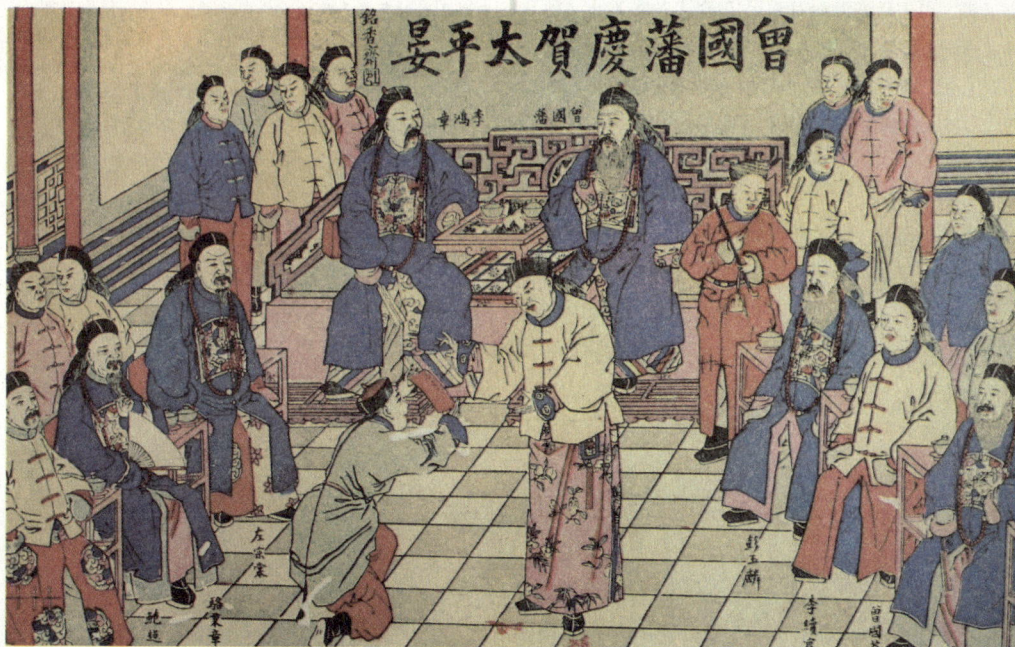

曾國藩慶賀太平宴

李鴻章　曾國藩
左宗棠　彭玉麟　李續宜　田國恩

李秀成的佩剑

图为李秀成的佩剑，剑身长62厘米，剑鞘长84厘米，剑上刻有"李秀成"三字。

城破，跑出不少有钱人，估计会上山躲避，他们想发财，便三五成群上山来搜寻。李秀成跑不多远就被追上，众人要他交出钱财，放他生路。仔细一看，认出是忠王，纷纷跪下。李秀成和众人一起转回破庙，想把带出的财物分给大家。不料，包袱没了踪影，早被人拿走了。

李秀成留着长发，一看就知是太平军大人物，众人劝他剃发，不肯。众人说："官兵在沿途设关卡盘查，这样肯定过不去。"李秀成回答："我为天国大臣，国破主亡，若不能出，被妖兵抓获，一死而已。如果剃了头，出去后难以面对天军。"众人苦求不止，他才勉强剃去一些。将李秀成藏好后，这些人去找拾得包袱的人。两方相遇，争执不休。很快走漏风声，李秀成被抓，解到曾国荃军营。

被俘的第二天

李秀成连夜被押解到南京。第二天天明曾国荃听报李秀成已捉到，穿着短衫急着赶去审讯，曾国荃痛恨李秀成固守天京，害他损兵折将。他手持锥子，往李秀成大腿上猛刺。李秀成血流如注，不为所动。他挺身直立，大声对曾国荃说："曾九，你我各扶其主，何必生气呢？兴灭无常，今天你侥幸得逞，就发起疯来了。"当晚，曾国荃的幕僚去牢狱问他当年何不早降，也不会有今日灾难。李秀成说："朋友之义都不可渝，何况我是受了爵位的人。"问他有何打算，回答两字："死耳！"

曾国荃特制了一只大木笼，关押李秀成。

一份长长的"自述"

7月28日，曾国藩从安庆赶到南京。他比弟弟可有涵养、有心计得多了，当李秀成戴着镣铐进来时，还故意看了很久，不作声，然后又以怜悯的口气说道："可惜啊！可惜，你真是个人杰，只是没能及早遇上知己，才会落到今天这种地步，可惜啊！"李秀成被触及心境，感到曾国藩在赏识自己，竟一改初衷，掉泪了，不再"只求一死"了。他开始写"供词"。至8月7日陆续写成五六万字，曾国藩每晚就索取审读。但这份《自述》，还未写完，曾国藩风闻北京已下诏命囚解李秀成至京，乘诏书未至前，把他杀害了。

李秀成常饰图

本图系当时英国人呤唎所作印象画。据呤唎称作此画时，"他并未穿起朝冠朝服，只穿一件通常的赤红色的棉上衣，头戴着普通式样的赤红头巾，加上他所特有的一种便装的头饰，计有级在额前的一颗大的珍贵的宝石，另外八颗珍奇的圆形金质雕牌，每四颗一排分列于宝石两旁"。

○三四

外出催兵解救京围

同治二年（1863）冬天，天京更见危急，周边的九洑洲、孝陵卫、高桥门等要塞均失陷了，围困圈日益缩小。城里粮食更见紧缺，人心惶惶，不知所以然。

洪秀全虽然一味靠天，念念有词"将有天兵天将前来解救"等呓

洪仁玕手迹
洪仁玕被俘后，沈葆桢把曾国藩送的刻本《李秀成供》给他看，他作了批驳，提出李秀成等妒忌心理，把功劳归于自己，缺点即诿于天王和他本人。

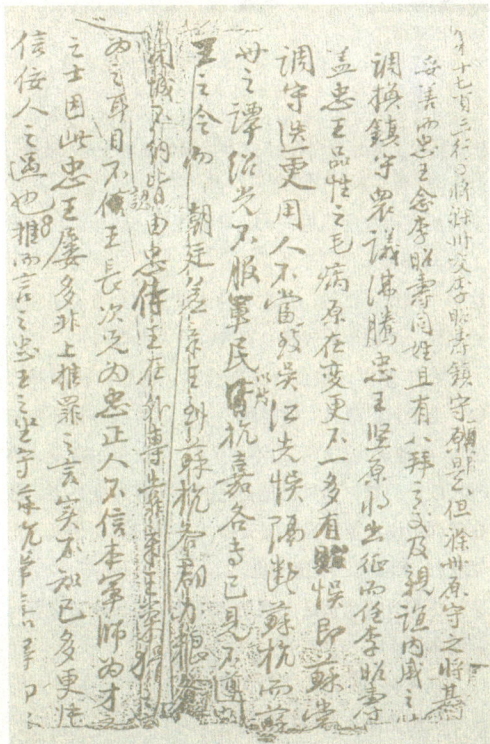

干王就义

洪仁玕在太平天国只有五年，但在政治、外事和文化思想建设等领域都做出了贡献，他是中国走进近代化时的一个有资本主义思想的政治家，更是一个追求救国救民真理的先进中国人。

语，但仍是找来了洪仁玕，要他肩负起扶持幼天王的重担。他百感交集，不由得痛哭流涕。不久，他再次以军师身份出京催兵解围。

行行千百里。洪仁玕历经丹阳、常州、湖州等处，可是驻守的各路人马都不听命，拥兵自重，他们借口缺乏粮食，不能来援。洪仁玕苦口劝说，也没有丝毫生效，他只好暂且徘徊在安徽广德一带，等候时机。

护幼天王出走

同治三年（1864）六月，太平天国京都失陷，幼天王逃了出来，当他突围到达江苏溧水东坝时，洪仁玕知道了，立即从广德赶去相会；接着又卫护幼天王回到广德。不久又由湖州守将、堵王黄文金迎入湖州。当时湖州麕集有来自江浙所有城镇的太平军二十余万人，在江西还有侍王李世贤等二三十万人马。经

太平天国幼天王玉玺

幼天王被擒

幼天王继位后，天京随即失陷，李秀成护送他出城，转战多处，最后在进入江西石城时遭到清军袭击，并被俘虏，一个月后被杀。图为反映幼天王被俘虏的场面。由于幼天王的玉玺上刻的是"真主"两字，清军误以为是"福瑱"，所以此图题为《洪福瑱被擒图》（清人绘）。

洪仁玕和黄文金等商定，决定放弃湖州，西进江西，会合江西各路太平军，重整基业。

同年八月，洪仁玕和黄文金等卫护着幼天王离开湖州、广德寻路西进，沿途就遭到了敌人的前堵后追。九月，黄文金重病死去，部队多遭挫折，有的战死，有的逃散，也有的叛变，在他们进入江西时，全军已不满万人，士气低落，还发生内讧。有次军中的广东人和两湖人争夺战马，洪仁玕前来调停，谁都不理睬他。十月初到达江西石城杨家牌时，只剩了几千人，而且经过日夜奔波，疲劳不堪，就安扎过夜。

当晚，清军翻山偷袭，太平军惊惶失措，全部溃败。洪仁玕和幼天王相继被俘。

留下信史慷慨就义

洪仁玕被俘后，在敌军大营里作了陈述，他很快被押送到南昌省城，江西巡抚沈葆桢亲自提审。他作了录供，还写了笔供，这份笔供是以第一人称写的，笔供记录了太平天国的兴衰，抒发了对天王等的敬佩，同时表示了自己的理念和心态。沈葆桢为了核对

李秀成在南京所作供词的正确性程度，还让洪仁玕看了曾国藩颁印的《李秀成口供》。洪仁玕大义凛然对这份口供作了批驳，指出李秀成过多地指责天王和他的家族；还说李秀成私心太重，用人不当。

在牢笼里，洪仁玕深感愧疚。他想到杨家牌惨败，全是自己疏忽。当时幼天王说："官兵今夜会来打仗"，而他认为"官兵追不到了"，以至全军覆没，呜呼哀哉。但是，他早已把自己的生死置之度外了。他在供词中说：要学当年文天祥，"予每读其史传及《正气歌》，未尝不三叹流涕也。"

洪仁玕终于被送上刑场，在就义前，他又写了一首绝命诗：

临终有一语，言之心欣慰；

天国虽倾灭，他日必复生。

《山东军兴纪略》
薛福成《庸庵笔记》
僧格林沁　谋略
人物　关键词　故事来源

捻军打圈圈战

捻军战略中有一个非常漂亮的口号："我们要在奔跑中打垮清妖。"他们采取打圈圈战，大踏步地退却，有时趁敌不备，突然来个回马枪；也有时，在一个地区打转转，又乘着对手疲倦，忽而攻之。僧格林沁军虽然装备精良，却屡次吃亏，追赶会失利，不追也时遭袭击，弄得军心沮丧，士无斗志，胖的拖瘦，瘦的拖死。

僧格林沁每战失利。他力求寻找捻军主力决战，在阵地战中消灭他们，可是又找不到。

捻军摸透了僧格林沁的用意，有意跑在他前头几十里，引诱他追赶前来。

僧格林沁率军拼命追赶，他命令将士将几天的干粮背在身上，就在行军中边走边餐。自己快马加鞭，因为拉马缰索时间过长，两手也常麻木了，只得用布带缚住手腕，再连结在肩膀上驾驭坐骑；时而实在疲劳不堪，只得下马喝两杯酒提神后上马再追。

1865年5月17日，僧格林沁追到山东菏泽，得知捻军主力就在城西高楼寨屯扎，高兴极了。他命令

太平军使用的螺号（上图）
捻军使用的武器

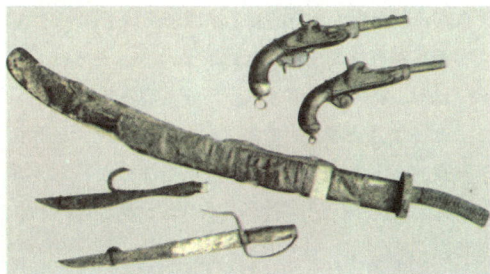

高楼寨之战

僧格林沁的蒙古骑兵被清王朝视为最靠得住的精锐，他们也是捻军最大的杀手。1865年5月，捻军在奔走中设伏于山东高楼寨，终于歼灭了这支王牌军。

曹州知府，立即准备好五百头肥猪，五百头肥羊，打算歼灭捻军归来后犒劳将士。

这个骄横的科尔沁亲王，哪里知道捻军在高楼寨已经布下天罗地网，等候他送上门来了。

歼灭五百红孩儿

第二天凌晨，僧格林沁和他的六千骑兵、二万四千步兵，其中有总兵陈国瑞统率的五百红孩儿兵，那都是全副来福枪配备，如同黑云摧城，向高楼寨杀来。

捻军在高楼寨南面的解元集小村枕戈以待，那是一支小部队，见敌军杀至，故意装作不敌，且战且退。

一个时辰后，僧格林沁全军步步深入，进抵高楼寨。

高楼寨是一个大村庄。

忽然从村庄里杀出三彪人马，中间是步兵，左

清军将领僧格林沁
僧格林沁（1811—1865），蒙古科尔沁旗人。1855年以俘获太平军将领林凤祥、李开芳，而封亲王。第二次鸦片战争期间，在大沽口炮台督军，给英军以重创。次年，被英法联军击溃。

107

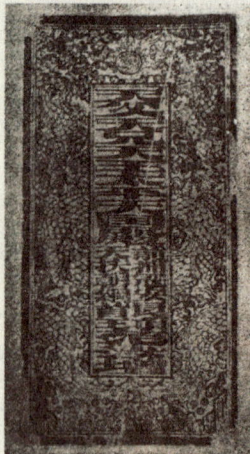

太平天国首王范汝增木印
原印高24厘米，宽12.1厘米。为现存唯一的太平天国王印。同治三年（1864）八月，范汝增出走皖南，在深渡丢失。按制，后期太平天国诸王印，有作金质和银质的。此范汝增印，当系丢失银印后再刻的。范汝增后由皖南北上，投入捻军，并参加了高楼寨之战。

翼是任化邦的蓝旗马队，右翼是张宗禹的黄旗马队。僧格林沁急分三路迎战，但是因两军紧靠，骑兵冲阵无威力，洋枪洋炮难以施展。这时，埋伏在村庄外堤、柳林深处成千上万的捻军将士从后面抄来。僧格林沁军队很快就被打得落花流水。他的骑兵全部遭歼，只得逃进附近一个小圩负隅对抗。捻军环寨筑垒，遍凿长壕，还在密密的柳林里埋伏最精锐的蓝旗马队。

慈禧太后之宝（局部）

当夜三更，僧格林沁乘着蒙蒙夜色，凭借五百红孩儿洋枪强大的火力，猛冲过长壕企图突围，当靠近柳林时，埋伏的蓝旗马队一跃而起。他们多用苗杆（长矛）为兵器。这种苗杆，用一丈几尺粗细均匀的青竹，竹端安装利刃，很像当年张飞的丈八蛇矛，锐利非常，五百红孩儿遇到它，有如竹竿挑青蛙，只只命中肚腹，尽被刺死。

僧格林沁死了

捻军大获全胜。点检战果，仅是清军将官翎顶，就装满了几十只箩筐。其中有内阁学士全顺的双眼花翎、总兵何建鳌的单眼花翎，但就是没有僧格林沁戴的亲王特有的三眼花翎。

赖文光和任化邦、张宗禹正在焦急。一个童子兵挟着一顶三眼花翎红顶奔马前来。他就是十三四岁的小战士张皮绠。当晚他随军冲杀，眼见一个官员跌下马来，接着又跟跟跄跄地躲进麦田，就紧跟在后，乘那官员不备，用刀戳穿了咽喉，死了。可是不知道是什么官，就把那人所戴的帽子拿回来辨认了。

戴这种高贵帽子的只有是亲王。

这时，捻军领袖方才放下了心，僧格林沁死了。

这一仗，捻军实力增强了，尤其是缴获了五千多匹雄骠的高头大马，使自己的马队更加壮大了。正如当时有人目睹后所记："捻子马队奔驰，足足有二十里不断呢。"

华美德　林乐知　傅兰雅　革新　《上海新报》

人物　关键词　故事来源

○三六

《上海新报》

开办报纸有些是为了经商，也可以为后人留下宝贵资料。

收集情报也是为商业

《上海新报》是近代中国最早一份汉文报纸，它创始于咸丰十一年（1861）10月，由英商字林洋行行主达伦创办。

19世纪60年代，在开始沦为半殖民地的中国，外国殖民势力把掠夺原料、扩大市场的魔爪伸进了长江中下游。为了要与更多而又不识英文的中国官商打交道，必须拥有报纸这种舆论工具，原有的英文《字林西报》远不能适应需要了，因此，在十里洋场创办了《上海新报》，由美国传教士华美德（M.F.Wood）、林乐知（Y.J.Allen）和英国牧师傅兰雅（J.Fryer）相继任主编，出版这份为殖民地商业、贸易服务而丝毫不带有宗教色彩的报纸。

《上海新报》

《上海新报》是近代上海创办的较早的一份中文报纸，创刊于咸丰十一年（1861）九月，同治十二年（1872）十一月停刊，由英商字林洋行印行。

收集情报也是为商业

《上海新报》在创办期间，正逢太平天国进军太湖流域长江三角洲，这对开埠二十年的"冒险家乐园"是一个威胁，殖民主义者惊呼"叛军继续不断地骚扰上海四周的乡村，严重地干涉了我们的商业"（《上海怡和洋行致香港总行》）。中国的买办们也说，上海的各国商行"初颇发达，后因发逆扰乱四乡各镇，账不能收，亏蚀而停"（《徐润年谱》）。"丝茶甚难购办，中外商人均为饮恨"（《上海新报》）。从《上海新报》透露，正是因为太平军的几次进攻上海，和在上海周边城乡长期活动，使它们在长江中下

上海公共租界界石

此块上海公共租界界石为光绪二十五年三月二十七日所立。

工部局大楼

工部局成立于1854年，是上海公共租界的统治机关，受外国驻沪领事团和驻华公使的监督。工部局设有董事会，由领事团每年召集纳税外国人选举董事组成，决定租界的重要行政方针和措施。图为工部局大楼旧照。

上海公共租界的会审公廨

咸丰四年（1854），英、美、法三国驻上海领事，乘小刀会起义之机，背着中国政府，擅自在租界内分别设立市政机关工部局和公董局。其中英美合并的公共租界内更设有完整成套的政府机构。图为司法机构的会审公廨，为奉行领事裁判权，在租界里凡外国人违法，以及中国人犯法，均交会审公廨处理。

游的航运颇受影响。1862年秋，太平军谭绍光部两次猛扑上海，盘桓吴淞江两岸。三个月间，原定每周开往九江、汉口等地的十余艘商轮，只剩了两三艘，且也不能按期开航，引起殖民商业的萧条。

《上海新报》还经常刊登清朝地方官吏的告示，扬言"会办防剿，中外一家，各宜和衷共济，从期迅扫贼氛，不得倾轧，致伤和气"。这些告示也反映了当时上海市政、民众生活情况以及官府衙门政情。值得注意的是，《上海新报》组织并鼓动商人和传教士们从太平天国区域内提供各类情报；每期都设有专栏，以五六百字或近千字篇幅报道附近城乡或苏州、天京等处的"目击"和"传闻"。以便掌握信息，做好周边的采购和供销。

最大特色的商业贸易

《上海新报》的最大特色是商业贸易。它每周出刊一期，每期五六千字（后增至一万字左右），主要就是广告栏目，有土地房产的买卖和租赁，商品的运输和拍卖，洋行的设置和经营，船期表和银洋鸦片比值表等，也有广告为洋场淑女寻找宠物，拍卖小白鼠。同治七年（1868）2月1日，它增加了介绍火轮车、种麦轮器或家用器具的"机器图说"。

中外通商共庆大放花灯图（清末年画）

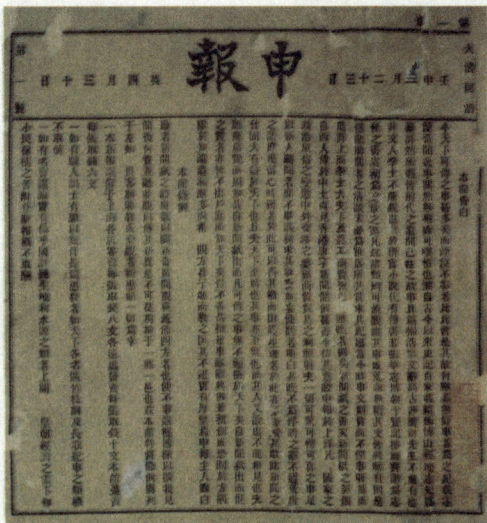

近代中国最有影响力的报纸：《申报》
《申报》在近代中国具有重要的地位，同治十二年（1872）三月二十三日创刊，1949年5月27日停刊，前后时间跨度77年。图为《申报》的创刊号。

从《上海新报》可以看到，在十里洋场，外国洋行蜂起的记录。据该报1862年7～8月所刊的洋行名称，即有六十八家，尚不包括新开张者。初期洋行最能牟利的是搞房地产买卖、抵押，现有最早一份《上海新报》（1862年6月24日）共列有二十余家洋行，其中专搞地产拍卖的就有五家。

洋行的另一经营是开辟内河交通和船舶租卖事宜。《上海新报》以头版通栏刊登"船舶开驶的时间

表"。据该报1862年6月透露，上海有三十六家洋行，拥有商队和货轮，还配备有新型枪炮的兵船，定期往来九江、汉口、宁波、厦门、牛庄、汕头、天津和香港，并远涉英国、美国、日本、印度和俄国。外国船只以上海为基地炫耀于中国水域。

长江航运的开辟，为外国殖民者积累了大量财富，"来申放汉，往返一次，所收水脚，足敷成本"（《徐润年谱》），围绕航运，中国内地的资源和特产如生漆、茶蜡、矿砂等纷纷输出；伦敦、巴黎的舶来品花布、洋绒以至风琴、什锦饼干、糖果等充斥黄浦滩上。米每担市价为二两八钱至三两银子，白糖每担为七两，而洋药（鸦片）每箱竟高达五百一十两。

工部局代言人

《上海新报》经常为外国租界当局——工部局、筹防公所等传言发令，经常刊载租界当局的命令、布告。同治四年（1865）1月它因刊载商情，销路日增，由周报改为双日刊。1872年4月30日《申报》创刊。同年12月31日，这份汉文报纸，在出版了第836期后宣告停刊。

在上海南京路巡逻的万国商队骑兵队
万国商团成立于咸丰四年（1854），即英美控制公共租界的常备军。

○三七

开办安庆内军械厂

江南制造总局

洋务运动，是中国人冲出中世纪，睁眼看世界的序幕，它始自林则徐、魏源的忧患意识，此后此种富国强兵的实践，又为曾国藩等所推行

咸丰十一年（1861）八月，湘军攻占安庆前夕，恭亲王奕䜣就提出要购买外洋船炮，时任两江总督的曾国藩立即响应，但他还主张要自己能造船造炮。攻占安庆后，曾国藩便率先开办了安庆内军械所。这是中国第一个近代军工厂，主要就是制造洋枪洋炮。翌年春，曾国藩率李鸿章等幕僚在参观了一艘洋船后，很为它的构造精致惊服。他在日记里写道：中国要自强，必须革新政治，访求人才，以学西洋制造船炮技术为基本要务，一旦学到了，那洋人的长处我们也有了，也就不须惧怕他了。

曾国藩相当注重人才。

他经过考虑，网罗了一批技术人才，其中最杰出的就是徐寿和华蘅芳。

黄鹄号下水

徐寿和华蘅芳都是没有功名的知识分子。但他们于数学都颇有造诣，对器械制造也多有研究。在他俩

主持下，军械所开始试造了第一艘轮船。

他们从未和发动机打过交道。

为了制造它，徐寿常常彻夜阅读外文资料，并译著了《汽机发轫》。

两个月后，一部轮船发动机诞生了。

曾国藩在军务倥偬之间观看试验，他感到很满意，但想到今后要能再制作完整的轮船仍有很长距离。

军用品生产基地江南制造局

同治四年（1865），曾国藩、李鸿章共同创办了江南机器制造局，又称"江南制造总局"、"上海机器局"、"沪局"，主要生产枪炮、弹药等军用品。1867年扩充后开始制造船舰。图为江南制造总局厂门（左下图）铸铜厂及铸铁厂照片。

江南制造总局炮厂内景

徐寿、华蘅芳想到了容闳。提出请容闳帮忙。

曾国藩把容闳请进门来，他非常欣赏这位留美学子的见识。容闳提出：中国要开办工厂，自己制造机器。于是他委派容闳赴美国采购制造机器之器。

安庆军械厂的造船继续进行。

同治二年（1863）十二月，终于建成了一般长五十余尺，每小时行走二十余里的木壳轮船。轮机购自外国，但它毕竟是徐寿等自己设计装配的。几个月后，曾国藩登船试机，大为满意，还给它取名为"黄鹄"。

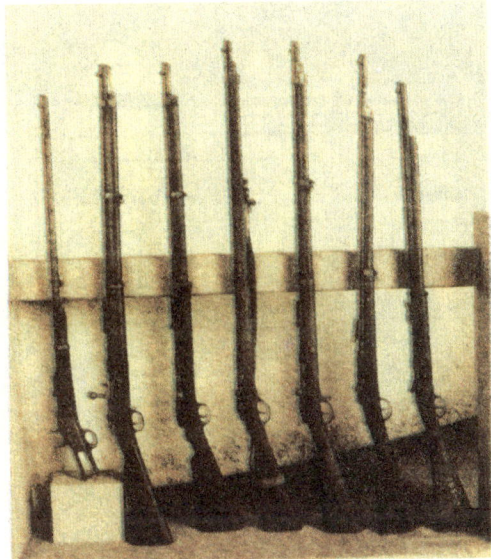

清安庆军械所仿制的美式林明敦步枪

江南制造总厂

同治四年（1865）五月，江苏巡抚李鸿章在上海虹口购买了美商旗记铁厂一座，设备相当齐全，它主要是能修造大小轮船及开花炮、洋炮各件。不久就定名为江南制造总局，由丁日昌督察筹画。

这时正好容闳从美国购到机器百余种，曾国藩就命将它解赴江南制造总局。总局当即制造了开花炮、田鸡炮和若干仿制洋枪，提供湘淮军对付捻军，大发威力。这使曾国藩、李鸿章等赞不绝口。

典雅的皇太后徽号册

咸丰十一年（1861）九月，大学士桂良等遵谕上徽号，母后皇太后徽号为"慈安皇太后"，圣母皇太后徽号为"慈禧皇太后"。图为慈安皇太后徽号册，青玉质。

江南机器制造局翻译处
翻译处主要译述西方自然科学和工程技术书籍，图中三人自右至左为徐寿、华蘅芳和徐建寅（徐寿子）。

江南制造总厂也大加扩建，在城南高昌庙购地70亩，兴建新厂，建成了汽炉厂、机器厂、熟铁厂、洋枪厂、木工厂、铸铜铁厂、火箭厂等。厂房林立，错落有致，是近代中国首个大型工业基地。

同治七年（1868）七月，制造总厂费银8万两，造出第一艘轮船。它全长18.5丈，宽2.7丈，载重300余吨，逆水时速70里，顺水时速120里。曾国藩大为欢喜，为它命名"恬吉"，意思是"取四海波恬，厂务安吉也"。

曾国藩向慈禧太后报喜，慈禧又惊又喜。

后来慈禧太后召见他时，还特地问及此事。

问：你造了几个轮船。

对：造了一个，第二个现正在造，未毕。

问：有洋匠否？

对：洋匠不过六七个，中国匠人甚多。

清政府从国外购买的洋炮
清末的许多有识之士皆已经认识到购买外国的枪炮轮船只是一时的权宜之计，治本的办法在于自己制造。图为清政府从国外购买的洋炮。

制造总厂后来还造了三艘轮船，由曾国藩分别命名为"操江"、"测海"、"威靖"。

特设翻译馆

曾国藩在办洋务时，常看到洋人制造机器，须经数字推算，而以图纸为依据。由于东西之间文不通，只有靠翻译。他提出："翻译一事，系制造之根本。"

同治六年（1867），江南制造总厂设立了翻译馆。聘请徐寿、华蘅芳和英国伟烈亚力（Alexander wylie）、傅兰雅（John fryer）主持。这个翻译馆历时四十多年，出书170余种，是国家所开办影响最大的翻译中心。其中如徐寿，他依靠伟烈亚力等口述译述西方科学书籍16种，特别是近代化学，由他造出化学元素钠、钾、钙、锰、镍、锌等译名，至今仍在沿用。徐寿的才学远播，以至李鸿章、丁宝桢、丁日昌等争相罗致，但他认定"译书行世较治一事，影响于社会尤大"，谢辞所请，把精力全献于译书事业。 ❯盛巽昌

李善兰 伟烈亚力 曾国藩 革新 《几何原本序》 《畴人传》

人物 关键词 故事来源

〇三八

数学家李善兰

中国是数学大国、自古以来数学极为发达，留下很多至今仍是财富的著述。近代中国的数学家李善兰，著作等身，承上启下，且促进了近代科技的开拓

早年著作如海别开生面

李善兰青少年时候就酷爱数学。

他对传统的词章义理之学不感兴趣，因此连个秀才都未考中，而对数学却独具慧眼，在应试杭州时，偶尔逛书肆，购得元李冶《测圆海镜》和戴震《勾股割圆记》，更淡化了科举意识，从此潜心于数学。每次遇到难题，必定要弄个一清二楚。为了运作天文历算，有一段时间，就在家乡浙江海宁峡石西山顶，常常通宵达旦观象测纬。

鸦片战争时期，他目睹外国武器精良，从而强化了科学救国意识。他后来说：欧罗巴各国的制器精良，在于数学发达；如果他日我国人人精通数学，制器也就精良，足以威震海外了。

因为对数学的造诣，道光二十五年（1845），李善兰三十五岁时，已发表了《方圆阐幽》、《弧矢启秘》和《对数探源》三部著作，当时西方近代数学多未东渐，而他钻研的"尖锥术"，却已提出叠线成面，叠面成体，及点线面互变而成的微积分理念，并得出一系列幂函数积分的答案；且以诸尖锥合积表示对数，更令人惊服。他的研究说明，此后如无微积分学东渐，中国数学也能有自己的途径，走进高等数学殿堂的。

墨海十年

咸丰三年（1853），李善兰来到上海墨海书馆。

他和伟烈亚力相约，要联手完成明末徐光启、利玛窦未译的《几何原本》后九卷。李善兰外文一字不识，就由伟烈亚力以华语口述，他再笔录，然后再整理、去芜存菁，反复译审，甚至另外补充、纠误。他们自这年六月一日开始，每天译述一题，经过四个春秋，终于推出了欧几里得几何学的完整译本。

在此期间，李善兰还与艾约瑟（J.Edkin）合译有介绍牛顿定律的《重学》（力学），与伟烈亚力合译英国甘棣公（A.D.Morgan）代数学，美国数学家罗密大（E.Loomis）《代微积拾级》等多种。古中国无"代数"词。李善兰因此书是以字代数，所以取名"代数学"。此后汉词才有"代数"，且为日本等国接受。他在《代微积拾级》中也创译了"微分"、"积分"等名词。我们至今常用的很多数学名词如常数、变数、函数、系数、指数、已知数、未知数、级数、单项式、多项式，等等，都是他在译书时，据原词概念汉化的。

《几何原本》的译者之一：李善兰

李善兰（1811—1884），字壬叔，号秋纫，浙江海宁人。与英国人合译《几何原本》、《代微积拾级》、《谈天》、《植物学》等。历任同文馆总教习、总理衙门章京。

以后又给了三百两银子，使李善兰刊刻自己全部著作《则古昔斋算学》；与此同时，李鸿章也资助推出了《重学》。

李善兰没有功名。曾国藩屡次要提拔他，他都力辞不受。同治七年（1868），李善兰应诏在北京同文馆任教习。次年给了个"钦赐中书科中书"，以后逐年有所加衔，直到光绪八年（1882）授三品卿衔，总理各国事务衙门章京。历史上像他那样靠从事著书、译书而授衔，可以说是从无先例的，但它都是额外候补，从未有实授的。

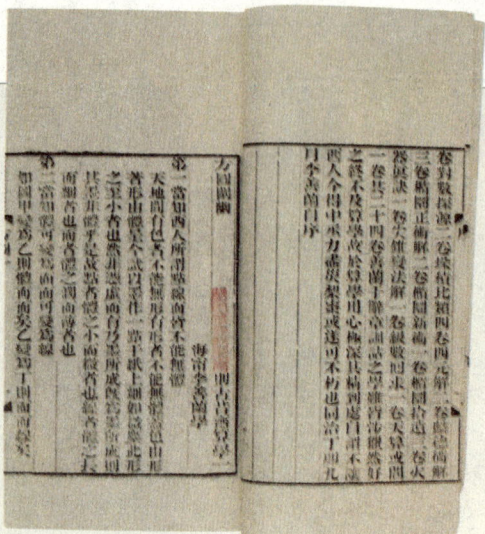

李善兰《则古昔斋算学》
《则古昔斋算学》由清朝的李善兰著，收录了13种算学书籍。

曾国藩幕府

同治二年（1863），李善兰应曾国藩召，来到安庆，他和容闳、华蘅芳、徐寿都成为安庆总督幕府里重要人物。

曾国藩相当器重他。在来到南京后，资助李善兰刻印全部《几何原本》，并由张文虎代笔作序推荐，

科技开拓者之一：徐寿

徐寿（1818—1884），字雪村，江苏无锡人。曾跟随曾国藩创立安庆内军械所，后又参加筹建江南机器制造总局，翻译了有数百种西方科技著作。图为时人所绘徐寿画像。

最大的在华外商企业
1832年，英国商人查甸与马地臣创办了怡和洋行。鸦片战争前，怡和洋行从事鸦片贸易，鸦片战争后除从事进出口贸易外，还进行相关的航运、保险、房地产等业务，成为外商最大的在华集团，在全国各地都设有分公司。图为怡和洋行的外景。

○三九

红顶商人

胡雪岩，白手起家，凭借熟谙官场、洋务的能力和机遇在近代官商史上写下了自己的传奇故事。

小伙计，大眼光

红顶商人胡光墉（1823—1885），幼名顺官，字雪岩。年幼时家境贫寒，以帮人放牛为生。年纪稍大一些，经人推荐到杭州的一家于姓老板开的钱肆当学徒。胡雪岩很能吃苦，在钱庄从扫地、倒尿壶等杂役干起，三年满师后，因勤劳、踏实、能言善道成了钱庄的正式伙计。

在胡雪岩二十岁时，遇见了一个能改变其一生命运的人，此人名叫王有龄。王有龄在道光年间，就已捐了浙江盐大使，但因无钱进京谋取实缺，闷闷不乐。胡雪岩和他交往了一段日子后，认定其前途不凡，立即不计后果地私下挪用了钱庄的五百两银子，让王有龄速速进京。钱庄老板发现挪用银子一事后，胡雪岩立即被扫地出门。

五百两银子改变了两个人的命运。王有龄在天津遇到了当侍郎的故交何桂清，经其推荐到浙江巡抚门下，当了粮台总办。而且王有龄在发迹后并未忘记当年胡雪岩的知遇之恩，并视其为生死之交。为弥补胡雪岩失业的损失并感念其恩德，王有龄资助胡雪岩开钱庄，号为"阜康"。咸丰十年（1860）王有龄擢升浙江巡抚，命他办理全省粮饷、军械和漕运等事务，还通令各府县，凡解交粮饷一切都由阜康钱庄汇兑，否则不予受理，胡雪岩的钱庄因而极为兴旺，除钱

杭州庆余堂一角

117

杭州胡雪岩旧宅后花园

海上第一名园（清末年画）

晚清上海有花园多家，正式开放于1885年的被誉为"海上第一名园"的张园是其中规模最大、也是唯一向市民免费开放的一家。张园本为私家花园，建筑中西合璧，内中安垲第楼曾为当时上海最高建筑，其旧址在今泰兴路南端。此处原为农田，1872至1878年，为英商格龙租得，辟为花园住宅。格龙本以经营园圃为业，故布置颇具丘壑。嗣后几经易手，于1882年8月，为寓沪富商张叔和购得，命名"张氏味莼园"，简称张园。庄外，还开起了当铺、药铺，经营丝、茶，使其迅速暴富。

深得左宗棠信任

咸丰十一年（1861）太平军主力席卷两浙。胡雪岩多次从上海采集军火和粮食运往杭州支援清军，深得清廷好感。

同年十二月（1862）1月，胡雪岩亲自押运从上海采购的粮食和军需的船队由海道进入钱塘江口，听到太平军已攻下杭州、王有龄自杀的消息，他便将船队隐藏起来，后来又得悉浙江巡抚左宗棠所部在江西时"饷项已欠近五个月，饿死及战死者众多"，此番进兵浙江，据守衢州，缺粮短饷等问题依然令左宗棠吃不香、睡不着。颇有心计的胡雪岩这次又紧紧地把

历史文化百科

〔厘金〕

近代中国对商品的附加捐税。太平天国进入长江中下游后，清政府税收大受影响，军饷递增，部库储存枯竭，各省捐输亦难解决。帮办扬州军务雷以诚采纳幕客钱江建议，向里下河地区张镇劝谕米行捐厘助饷。翌年，清廷推广于江苏、河南，以后又遍及全国，于各省、府、州县分设厘捐总局、厘局；厘局又在水陆通商要道、集镇设分局或厘卡，经理厘捐；以下还设有分卡和巡卡，必需品抽取百分之一税款，名抽厘、厘捐。这种附加捐税，本系战时筹款，但太平天国失败后继续举办。至1931年始撤销。

杭州庆余堂

握住了机遇，竭尽全力将船队驶到衢州，并用客户存款，在三天之内筹齐二十万石粮食。自己又赶到江西广信（上饶）左宗棠处献上这批粮食和军需，而这在当时的战争环境下，几乎是不可能完成的任务。有了这次在左宗棠面前一展才能的机会，胡雪岩得到了左宗棠的赏识并被委以办理老湘军粮台和转运局务的重任。

此后的胡雪岩就常以亦官亦商的身份往来于宁波、上海等洋人聚集的通商口岸间。他利用与外国人交往的机会，于1862年在法国军官的协助下，为左宗棠训练了约千余人、全部用洋枪洋炮装备的"常捷军"。这支军队曾经与清军联合攻陷宁波、奉化、绍兴等地。

在左宗棠任职期间，胡雪岩管理振抚局事务。为赢得民心，他设立粥厂、善堂，修复名寺古刹，收殓了数十万具暴骸，恢复了因战乱而一度终止的牛车，为解决战后财政危机，他向官绅大户"劝捐"。

早期洋务运动，曾国藩、左宗棠、李鸿章由于他们的特殊身份，不便与外国人直接打交道。谙通华洋事务的胡雪岩再次找到了用武之地。他协助左宗棠于1866年创办了福州船政局，并为左宗棠办理采运事务，从同治六年（1867）到光绪七年（1881）他以左宗棠名义在上海先后代借内外债1250多万两。他从这笔债务中，自己最少捞到回扣20万两。胡雪岩懂得办事要重承诺、讲信用，另外还得慷慨好施，吃小亏才能占大便宜。左宗棠非常信任他，在创办福建船政局时，就上奏极力赞扬胡雪岩是极不可缺的能人，说他是洋人最信任的人。在西征时又说，大军筹饷，只有从胡雪岩处得到，没有他，谁都办不了。在左宗棠提携下，胡雪岩在官场青云直上，保奏为江西候补道，授布政使衔，一品顶戴，还赏穿黄马褂。通常赏黄马褂必须是建有军功的，左宗棠就说他为西征筹款不亚于军功，因而获得这特别嘉赏。他成了名副其实的"官商"。

"活财神"，财富甲天下

胡雪岩发达了。同治末年，他已由一个钱庄主发展为拥有三千万两的大款。因此当时就有"活财神"之称。阜康钱庄还在上海、北京、天津等地开设分号；另在上海、汉口、温州、宁波、福州、厦门经营6家关银号，当时全国通商口岸这种为海关代纳进口税的关银号总共只有21家。他还在全国开设了26家典当铺。很多达官贵人将巨款存进他的金融行，其中有恭亲王奕䜣和刑部尚书文煜，后来胡庆余堂因购生丝为外商杀价而破产，也就是这位尚书文煜，以存银56万两未还，拿他有资产200多万两的胡庆余堂抵偿了的。

胡雪岩生意做大了，生活也越加奢侈。在杭州元宝街的一座大宅连亘几个街坊，拆拆修修，更见富丽堂皇，还蓄养了几十个姬妾。相传他和妻子下象棋，是在大厅里画一棋盘，命三十二个姬妾，分别着前胸后背都标明有红字或黑字的号衫，站立在棋盘线路的定格上，他俩分别持指挥棒呼唤，让这些姬妾奔跑、相撞，以定胜负。

圆明园远瀛观正面

○四○

江畔的华丽教堂

天津望海楼是当地庙宇云集地区，也是人们景仰的圣地。同治八年（1869）法国人却在附近的河畔建造天主教堂，命名为圣母得胜堂，而当地老百姓则叫它望海楼教堂。教堂建筑为哥德式风格，坐北朝南，石基、砖木结构，平面呈长方形，正面有平顶塔楼三座，呈笔架形。最令当地人感兴趣的是窗上安装的几何图案的彩色玻璃。教堂虽然气势庄严，但毕竟是法国人在中国土地上建造的。

诱拐儿童的恐怖事件

当时教堂办了一个育婴堂。它名义上是收养中国孤儿和弃婴，可是中国人即使再贫穷，也很少有人主动送孤儿和弃婴上门。于是教堂就张贴布告，鼓励凡送去者，都颁发奖金。

就此，婴儿失踪不断产生，而且越来越多。老百姓中还广为流传——教堂用迷魂药拐骗婴幼儿，还会剜眼剖心！一时间人心惶惶，天津城乡笼罩在一片恐怖之中。

清彩釉花卉方形壶（上图）

通高7.5厘米，口为正方形，边长5.2厘米，藏于南京博物院，此壶造型别致，以黄土抟制，内壁土黄无釉，外壁白釉，彩绘草虫、瓜果、花卉小品五组，把与流为绿釉，手法简洁而娴熟，当出自老手笔下，图变疏密得当，用色对比强烈，不以精巧取胜，实在是壶中极品。

火烧望海楼

天津教案激起了民众的愤怒，但又使民众受害，赫赫有名的曾国藩也因处理不当，为国人指责。

不久，在天津西关查获了从静海诱拐孩童的张桂、郭拐两人，经审讯他们承认是用"迷药"迷拐孩童，卖给教堂。天津知府张光藻会同知县刘杰复审后将其正法，并布告城乡。

接着又有人发现在教堂埋葬育婴堂婴儿尸体的河东义地里，于是官府也派人勘查，又陆续掘出不少木箱，皆数尸并装。

愤怒的人们将教堂整日大门紧闭、阴森可怖，育婴堂儿童多死，教堂总是乘夜间秘密葬埋等情形联想在一起，便更认定教堂迷拐幼儿。而教堂反而以中国民众随意搅扰外国人居住地为由，到墓地捉拿掘尸人，并要法国驻津领事对此事进行干预。

火烧望海楼（清代木刻画）

19世纪七八十年代，是教案在中国的突发时期，不少城市发生西方传教士支使拐匪拐骗中国儿童事件，而以天津最甚。

这样，它更激起天津民众的愤怒和警惕，不断有人将教民作为拐犯扭送官府。5月20日，桃花村居民将十九岁的武兰珍拘送县衙，控其迷拐孩童。经审讯，武氏供称她受教堂指使干此勾当，每拐一人得鹰洋五块。而且当时确实在其身上搜得鹰洋。于是"教堂迷拐幼儿"更被群众确认。

法国领事开枪

6月21日天津知县刘杰携拐犯到教堂对质，满怀义愤的群众包围了教堂，教堂神甫谢福音唆使爪牙手持棍棒驱赶群众，大打出手。法国领事丰大业（Hennr Victor Fontanier）要三口通商大臣崇厚派兵镇压民众，得知崇厚只派了几名巡捕官，勃然大怒。他携带凶器，径至崇厚衙署，拔剑击案，吼道："听说乱民想要我的命，你先给我死！"说着举枪便射，子弹擦崇厚肩头而过。他又挥剑劈向衙役，并捣毁什物。在他返回领事馆的途中，遇上天津知县刘杰，便持枪威逼刘杰镇压群众。遭到拒绝后，丰大业一面嚎叫，一面向刘杰开枪，打死刘杰的随员高升。外国人在中国土地上如此猖狂，被激怒的群众一拥而上，当场打死丰大业及神甫谢福音等人，并放火焚烧了圣母得胜堂和法国领事馆，还捣毁英、美教堂四处。整个事件中计致死丰大业及其随员三人，法国修士、修女十二人。乱中误杀法国侨民二人，俄国侨民三人。

事件发生后，法国和美、英、德、俄、普、比、日等国驻华公使联合向清政府提出抗议。英国公使帮同法国公使直接办案，提出苛刻条件，如严惩案犯，包括将张光藻、刘杰等人处死，赔修教堂，赔巨额恤

制作精美的喜字玉如意
这件玉如意质地清纯，做工精良，是宫廷用品。

款；允外国驻军天津和大沽口，军费由中国负担等。列强军舰纷纷驶往天津口，配合外交讹诈。

曾国藩办案

清廷得悉后紧张万分，赶快命直隶总督曾国藩赴天津会同崇厚办案。

曾国藩在两年前两江总督任上曾办理过扬州教案，知道此次天津教案更加棘手，他甚至在办案前，给儿子留下二千字遗书，说："我此次去吉凶如何，难以预卜，只得硬着头皮去了"；而心里似乎已有底，不能构怨兴兵，恐致激成大变。

天津军民对曾国藩寄以很大希望。

＞历史文化百科

〔浮动地狱〕

欧美殖民者载运中国劳工到海外的船只。鸦片战争后，欧美殖民者在本国政府公开或不公开的支持下，来华伙同民族败类拐骗或绑架中国人，用这种船只运往北美洲、澳洲和太平洋各岛去贩卖，充当各地资本家开发、掠夺本地资源的奴隶。时称为"猪仔"。所运载的船即称为"苦力船"、"浮动地狱"，在运载船中，他们身受非人的虐待，有的被剥光衣裤，用刷子洗刷；有的用烙铁在皮肤上打下烙记，通常像猪羊关闭在四面铁板的船舱里，有如沙丁鱼罐身无立足之地，吃的是猪狗之食，喝的是污水，甚至连污水都喝不上，旅途中患病，得不到医治，还常被抛进大海中，稍有怨言，即惨遭打、杀害。因此在途中，死亡率最高，竟从百分之十几到百分之五十。由此也常激起反抗，在旅程中时有暴动，有的打死船主，开船回国；有的自行沉船，与殖民者同归于尽，也有的惨遭集体屠杀。

南京清两江总督署西辕门

南京清两江总督署西辕门旧照。太平天国时，曾将总督署扩建为天王府，后被毁。

可是曾国藩却连泼几盆冷水。

他发布《谕天津士民》告示，责怪他们不明事理，与洋人吵闹；又采纳崇厚建议，将天津几位地方官治罪，还捉了几十个与杀丰大业等有关的老百姓。

就在此时，清廷命李鸿章前来接任。李鸿章同意老师忍辱负重，息事宁人。结果是天津府张光藻和刘杰充军，先后诛杀民众16人。赔偿和抚恤50万两银子，派崇厚为专使到法国道歉。

曾国藩如此了结天津教案，引起朝野愤怒，大骂他是"汉奸"、"卖国贼"，他的助手丁日昌是"丁鬼奴"。在北京的湖南会馆，同乡集会把他所题会馆匾额拆掉烧毁，还把厅堂悬挂的肖像，挖去两只眼睛。并写有对联揶揄：

　　杀贼功高，百战余生真福将；

　　和戎罪大，三年早死是完人。

电报和铁路

交通和通讯是近代化工业，是向西方学习的主要内容之一，近代中国的洋务派就懂得它，即使是后来顽固的官僚，也不得不承认它的功能。

电报登陆中国

近代电报技术日臻完善，在中国的外国人为了满足对外联系的需要，由英国、俄罗斯、丹麦联合敷设香港至上海、长崎至上海的水线。同治十年（1871）4月，由丹麦大北电报公司出面，秘密从海上将海缆引出，沿扬子江、黄浦江敷设到上海市内登陆，

第一家外商电讯机构：大北电报公司

大北电报公司是在上海组建的中国第一家外商电讯机构，由俄、英、丹麦等国合办，总部设在丹麦哥本哈根。曾将中国第一条海底电缆从海参崴向东延展至日本。图为20世纪初的上海大北电报公司大楼。

并在南京路12号设立电报房，该电报房6月3日开始通报。这是中国的第一条电报水线和在上海租界设立的第一个电报局。

1873年，法国驻华人员威基杰（S.A.Viguer）参照《康熙字典》的部首排列方法，挑选了常用汉字6800多个，编成了第一部汉字电码本，名为《电报新书》。后由我国的郑观应将其改编成为《中国电报新编》。中国最早的汉字电码本就此产生。

看到洋人电报的方便快捷，国人逐渐意识到在军事战争中，信息传递的重要作用。

近代中国有电报之议，是丁日昌提出来的

同治十三年（1874），日本借口琉球漂流氏在台湾被杀事件，干涉中国内政，意派兵在台湾登陆。当时正在家乡广东丰顺的丁日昌上了一份《海防条议》，在条议中，他提出要修筑铁路和设立电报公司。但是

> 历史文化百科

〔近代邮政〕

鸦片战争后，英国首先在香港设置邮政，咸丰十一年（1861），英国和法国在上海开办邮政，当时称"客局"，以与中国民间"信局"有别。同治五年（1866），海关总税务司赫德擅自经营北京至天津邮政。光绪四年（1878），天津海关税务司分别开办了天津至牛庄、烟台、镇江等几条邮路并发行邮票。光绪二十二年（1896），总理衙门奏办邮政，成立了大清邮政总局，并加入万国邮政公会，但因为海关兼管，仍为赫德把持。邮政总局开办后，在各处邮局门口设立绿色邮筒。当时寄一封信需六分邮资（可买大米七斤）。在开办第一年就亏损六万两银子，以后连年亏损。因系官局，遂使"信局"功能消失，但"客局"仍甚兴旺。宣统三年（1911），邮政总局才划归邮传部管理。

清海关第一次发行而未采用的邮票（样票）共三枚
1878年（清光绪四年）春，德璀琳负责试办海关邮票，设计并印制了"五厘银"宝象纹、"壹分银"宝塔纹和"贰钱银"龙纹的邮票三枚，为单色，除面值外，还有"大清""邮政局"等字样，体现了早期邮票的基本特征，但未能最终采用。

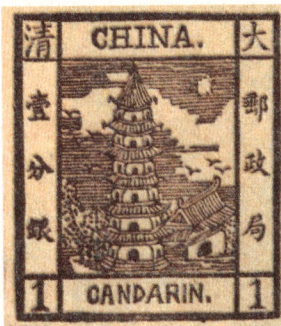

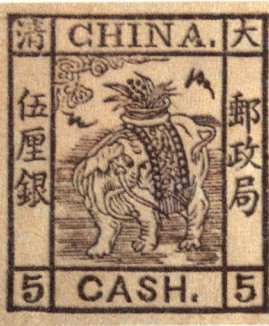

受到朝廷中守旧派攻击，说他是"以夷变夏"，是一个阴险、卑鄙的真小人。

光绪元年（1875），丁日昌出任福建船政大臣，翌年又补授福建巡抚。他在福建船政学堂附设了电报学堂，培训电报技术人员。

丁日昌非常重视台湾的防卫和开发。光绪三年（1877）又利用去台湾视察的机会提出设立台湾电报局，拟定了修建电报线路的方案，并派电报学堂学生苏汝灼、陈平国等专司其事。他将丹麦大北公司原拟架设的福州至厦门那条电线器材买回后，派轮船专运

清代电话接线员在工作

至台湾。经过实地勘察，同年8月工程开工，10月11日完工，架设了全长95华里，由旗后（即今高雄）至府城（即今台南）的电报线路。

李鸿章开设军用电报线

1879年，直隶总督李鸿章又在其所辖范围内修建大沽（炮台）、北塘（炮台）至天津，以及从天津兵工厂至李鸿章衙门的两条电报线路。这是中国大陆上自主建设的第一条军用电报线路。1880年，李鸿章在天津设立电报总局，派盛宣怀为总办。并在天津设立电报学堂，为我国的第一条长途公众电报线路做准备。

国门被打开铁路始兴办

随着近代中国的国门被外国列强打开，西方技术不断涌入中国，其中包括铁路技术。资本主义国家和洋务派相继掀起了兴建铁路的热潮。图为《兴办铁路图》，选自《点石斋画报》。

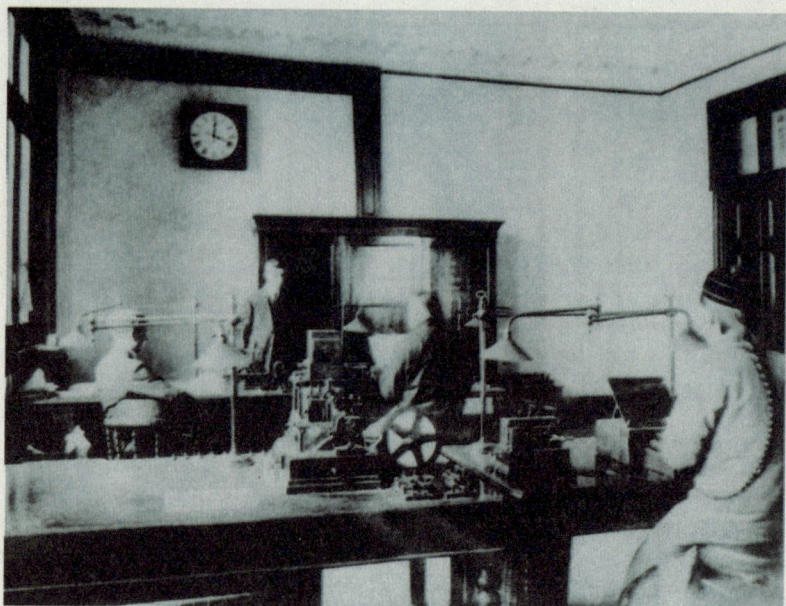

外商带来的一流电讯技术
作为中国第一家外商电讯机构——大北电报公司给中国带来了在当时世界堪称一流的电讯技术，图为大北公司的发报间。

1881年4月，上海、天津两地同时开工，至12月24日，全长3075华里的津沪电报线路全线竣工。12月28日这条线路正式开始营业，可以收发公私电报，全线在紫竹林、大沽口、清江浦、济宁、镇江、苏州、上海七处设立了电报分局。它的经营管理模式为官督商办。

吴淞铁路

中国是一个幅员辽阔但相当闭塞的国家。各国资本主义为了扩大既得利益还必须由海岸延伸到内地。同治五年（1866），英国公使威妥玛以吴淞至上海之间河道淤塞，疏通困难，大吨位轮船无法停靠上海为由向清政府提出："请求修筑从吴淞到上海的铁路，以便大吨位轮船停泊吴

清代铁路测量仪器

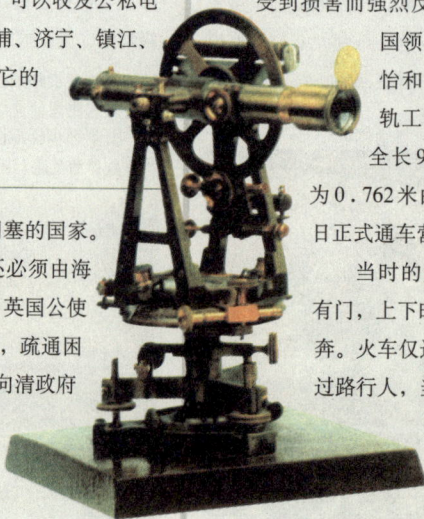

淞后能和上海办理联运。"清政府对这个修建铁路的理由心存疑虑，没有批准。1875年初，上海英商怡和洋行组织了吴淞道路公司，声称修筑吴淞上海间的马路，而实际是要在筑好的路基上铺设钢轨，开行火车。清政府未能识破骗局，就同意征购土地。1876年初路基完成，在铺轨完成四分之三时首次试车。当地群众因切身利益受到损害而强烈反对，上海的官吏也出面与英国领事交涉，制止铁路继续建设。怡和洋行表面上遵令停车，而铺轨工程却照常进行。1876年4月，全长9英里（约14.5公里），轨距为0.762米的窄轨铁路全线完工，7月1日正式通车营业。

当时的火车行驶很不安全，车厢没有门，上下时将四壁放下，乘客就上跳下奔。火车仅运行了一个多月就轧死了一名过路行人，当地民众积攒多日的不满终于爆发，立即群起而攻之，阻止火车开行。英国人不甘"损失"，于1876年10月，

126

与中方议定，由清政府用28.5万两白银买下这条铁路，款项在一年半内分三次付清，未付清前允许照常营业。款项如期付清后，清政府决定拆毁线路，拆下的钢轨连同机车车辆，送往台湾，准备修筑台湾铁路。后因种种原因，台湾铁路未能即时开工，吴淞铁路的这些设备也终因锈蚀而成为一堆废铁。

在近代中国，修筑铁路确实障碍重重。其中很大的一个障碍就是朝野权贵的顽固、愚昧。慈禧太后就是最典型的一个，她认为铁路这玩意儿，要动祖宗龙脉，危害大清国安全。但有次她却开了例。相传某年，她要赴易县西陵扫墓，臣工为他专门修筑了一条由卢汉线上的高碑店到梁各庄的铁轨，当她被骗上龙车，不知不觉、瞒天过海地到达目的地，方才识得铁路的好处，就此再也不持己见了。

中国的第一条铁路：淞沪铁路
淞沪铁路是中国境内最早的铁路，由英国在上海开办。1872年，英美商人组成吴淞道路公司开始修建上海至吴淞的铁路。1876年7月全线通车。此条铁路的修建遭到民众的反对，最后由清政府以白银买断后拆除。图为淞沪铁路通车时的照片。

上海新造铁路火轮车开往吴淞（清末年画）
1876年7月3日，上海至江湾段的火车正式开通，后因压死路人，加上保守派的反对，后来被清政府下令拆除。

见识过铁路的人大都意识到它可以极大地提高运输效率。经历了朝野上下的无数次争论后，中国终于修筑了为数不多的铁路。从1881至1894年的十三年间，共修建了铁路三百多公里。

○四二

买办唐廷枢

怡和洋行总买办

唐廷枢是近代中国第一代买办，他一生的主要活动就是从洋行买办到洋务派官员，在他身上表现出买办和官僚合而为一的特征。

唐廷枢少年时就读于澳门和香港的教会学校，英语很好，尤其是写得一手英文字，不知就里者还以为是英国人写的呢。

早在道光二十八年（1848），十六岁的唐廷枢离校后，就投身在香港巡礼厅和教会学校充当翻译。咸丰八年（1858），他到上海，又在上海海关出任大写和正翻译。

咸丰十一年（1861），唐廷枢跳槽进入英商怡和洋行，为它主持在长江地区收购丝茶，推销洋货和鸦片。因为他英中文都很通顺，同治元年（1862），即用广东方言编写了《英译集全》一书，书中特写有"买办问答"一卷，颇受欢迎，翌年，他又编写了提供初学者读的英语教科书，以唐景星名字在怡和洋行所办的《上海新报》做广告，更受欢迎，它们也许是近代最早两册向国人介绍英语的书籍吧！

不久，唐廷枢出任怡和洋行总买办。

开平矿务局招商章程和股份收银单

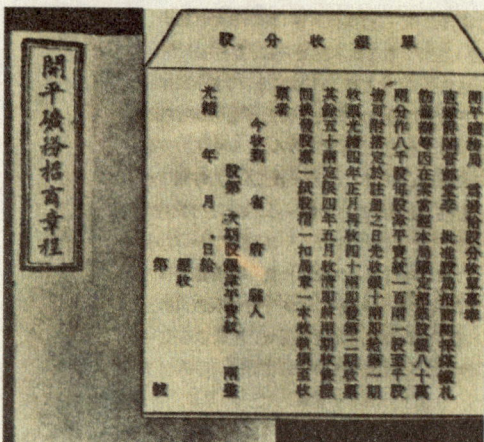

他为洋行鞠躬尽瘁。同治六年（1867），洋行允许他附设于洋行创办涑当保险行；他还掌握了香港火烛保险公司华人股份的分配权力。他秘密地为怡和洋行提供上海鸦片黑市的最新行情，为上海经营房地产投机活动编制租价表格、提供房地产行情。

通过买办的中介，唐廷枢积累起自己的雄厚资本。以至在同治十一年（1872），怡和洋行成立轮船公司的1650股中，他独购400股。

接办招商局

唐廷枢的手伸得很长。

他在做买办时，也在上海丝业公所、茶叶公所和洋药局分任董事。同治九年（1870）前后，还和徐润等集资创办了上海第一家医院——仁济医院。而后又兼任新设立的格致书院、广肇公所等董事，当他成为上海社会名流时，逐渐萌发了脱离洋行投身官场的理念。

同治十一年（1872），李鸿章在上海成立了轮船招商局，因资本奇绌，经盛宣怀推荐，邀请唐廷枢主持；唐廷枢正中心怀，很快筹集了四十七万余两银子，出任招商局总办，并被授予道台衔，双脚一跳，俨然着三品官服了。

早年的中国火车

清彩釉花卉方形壶（局部）

这是清朝第一家"官督商办"的企业。

唐廷枢深得经商奥妙。他特别规定，招商局发行的股票，不准让与洋人，并将股票、息折均编号，要认购股票者，须填写姓名和籍贯。

浪迹官场

李鸿章相当赏识唐廷枢左右逢源的外交手腕。

光绪元年（1875）春，唐廷枢奉命赴福州为福州船政局选拔学生。在此期间，他奉李鸿章之命参加了与丹麦大北电报公司交涉接办福州至厦门电报线事宜，因对洋务内情熟悉，经十几次辩论，终将此段线路收归官办。不久，他又随李鸿章赴烟台处理"马嘉理案"。

历史文化百科

〔近代中国最早的铁路〕

世界上第一条铁路是1825年建造的。

同治四年（1865）八月，英商杜阑德在北京宣武门外修筑一条长仅半公里的铁路，试行小火车，示意清廷认定外人在中国修筑铁路。但即为步军统领衙门饬令折毁；光绪二年（1876）英商怡和洋行修建淞沪铁路，全长15公里，后为清廷以28余万两银子购回，全数拆毁，用船运至海上，抛弃海底；中国人自己修建的首条铁路是台湾基隆矿区老寮坑到滨海的运煤铁路。它是光绪三年（1877）丁日昌任福建巡抚期间筑成的；另一条是光绪六年（1880）始，至翌年五月完成的唐山至胥各庄铁路，全长11公里，其后十年已延伸到山海关，全长约200公里。

开平煤矿和铁路

翌年，李鸿章又命唐廷枢赴开平勘测煤铁矿藏，此后就命他主持开平矿务局。在开工钻井后，他又动工修建唐（山）胥（各庄）铁路，以运输开采的煤。因为煤矿所在地贴近东陵，礼部侍郎祁世长带头上本奏请停止开采，以免惊动陵寝，唐廷枢在李鸿章支持下，据理力争；铁路通车后，他为避免旧案重提，开始以驴马曳引列车运行，次年才用火车头，不料仍遭勒令禁驶，几经波折始准运行。

唐胥铁路

1879年一条从唐山到胥各庄的铁路由李鸿章请求修建。1881年初开工，6月完工，被称为唐胥铁路。唐胥铁路聘英国工程师金达督修。图为李鸿章视察唐胥铁路时的照片。

○四三

洋务派办留学

出国留学在今天看来是件普通的事。但是，选派第一批幼童出国留学，让传统的中国人迈出国门去西方，谈何容易。

中国最早的留美学生

说到近代留学，首先要提到容闳，他既是毕业于美国耶鲁大学的第一个中国留学生，又是中国近代留学生运动的创始人。

容闳1828年11月出生于广东香山南屏镇（今属珠海），与葡萄牙侵占的澳门相距很近。早年进入英国传教士在澳门开办的"西塾"就读。不久，因学校停办而辍学。家庭贫困，小小年纪的容闳提篮叫卖，又在印刷厂当过学徒。1841年进入香港玛利逊教会学校读书。1847年该校校长塞缪尔·勃朗（Samuel Robbins Brown）因妻子生病暂离中国回国，容闳随他到了美国。先入麻省孟松学校，两年后考取耶鲁大学。1854年大学毕业，拒绝了留在美国工作的邀请，回到祖国。

实现留学计划

在大学读书时，容闳已在"头脑中酝酿着中国留学计划"，想让更多的中国学生和自己一样，接受西方文化教育。他的"计划"在回国后，先后得到曾国藩、李鸿章、丁日昌等洋务派的支持。早在同治元年

首批赴美留学生

同治十年（1871），曾国藩、李鸿章联合奏呈《挑选幼童赴泰西肄业章程》十二条，次年第一批30名留学生踏上了赴美的旅途。图为赴美学生在出发前的合照。

清道光款胭脂地开光四季花纹碗

这一对碗高6厘米，口径15厘米，足径5.5厘米，是清道光年间的瓷器珍品。"开光"装饰艺术早在唐代就已出现，到清代更加完善，在腹部四个圆形开光，绘四季景色，疏密有致，主题鲜明，再由胭脂底色衬托，愈见精美，令人爱不释手。

(1862)，身为总理衙门大臣的奕䜣曾上奏朝廷，开办了同文馆（外国语学校）。翌年，他偶尔看到一件条陈，内称现日本已经派幼童分赴俄美两国留学，学习制造船炮、铅药及所有兵器技术。读后，真想中国亦

第一个留学生容闳

容闳（1828—1912），字达萌，号纯甫，广东香山县南屏镇人。十九岁时与黄宽、黄胜一起赴美求学寻找科学救国的道路，考入耶鲁大学，成为毕业于美国大学的第一个中国留学生。后入美国籍。咸丰五年（1855）回国，先后担任香港英府高等审判厅翻译、上海英商丝茶公司书记。1912年4月病逝于美国。著有《西学东渐记》。

能派出留学生，但是却找不到带队人选而中止了。于是当他在同治十年（1871）接到李鸿章等要求派遣留学幼童的奏折时就予以批准。

同治十一年（1872）在上海成立了幼童出洋肄业局，由陈兰彬、容闳为正副监督，所需经费由海关拨给。留学计划分四年进行，总名额为一百二十名，每年选派三十名，限十二至十六岁的男孩。留学期限为十五年。

入乡随俗

1872年8月11日，三十名天真活泼、留着长辫、身穿长袍马褂的中国少年，在上海登上一艘远洋商船，远渡重洋去美国留学。

他们大都来自广东，有的来自穷乡僻壤，刚到异国，被想象之外的世界惊呆了。当地的美国人看见他们也觉得奇怪，穿长褂，留长辫，戴顶瓜皮帽。走在街上，总有人围观，弄得孩子们很不好意思。

他们最初被安排在美国居民家中，同吃同住，很快度过了语言关。没有国内严格的封建礼教的束缚，也没有家人的管头管脚，孩子们自由自在，参加各项体育运

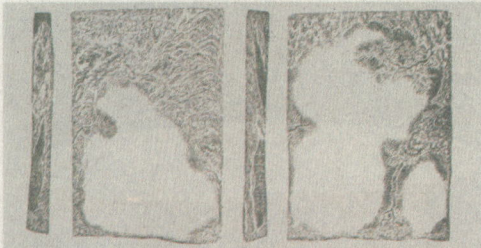

清端砚花纹、铭文拓片
端砚为我国四大名砚之一，历史悠久。制作精良，上等石料，上等石匠，镌刻精美图纹，那真是集诸美于一身，可以想见其身价了。这一方光绪年间的砚台，正背面及侧面都有精美的图纹，看其拓片，仿佛是深山中的一片湖水，山石嶙峋，奇花异卉，真能把人带入仙境。难怪铭文云："千金侯王砚"。

动和社会活动，也到教堂去礼拜。很快，孩子们就讨厌起自己的服饰和辫子来。众人一合计，干脆换上紧身轻便的洋衣服，有的还把辫子剪了，洋装短发，时髦帅气。

翰林出身的陈兰彬发现幼童们变了模样，责问容闳："怎么管教孩子的，那辫子是想剪就剪的吗？回去怎么向朝廷交代！"容闳不以为然："剪就剪了呗，入乡随俗你该懂吧，我的辫子也早没了，朝廷也没能把我怎么样，还特授我五品军功呢。"陈兰彬气得说不出话来。

数年后，陈兰彬任驻美公使，由翰林院编修出身的吴嘉善任监督。他初来乍到，总该摆一下大清官员的威风。孩子们长了个子，也长了知识，就是淡薄了国内的繁琐礼节。见了新监督，没一人行跪拜礼，僵持了许久，吴嘉善因失去面子而勃然大怒。

> **历史文化百科**
>
> **〔郭嵩焘与莎士比亚〕**
> 中国人最早评论莎士比亚有文字记述的是郭嵩焘。光绪二年（1876），郭嵩焘首任驻英公使，在他《伦敦与巴黎日记》里，有三次提及莎士比亚。其中一次是在光绪四年（1878）十二月廿六日在伦敦观看莎剧，记有"是夕，马格里邀赴来西恩阿摩戏馆，观所演舍色斯毕尔（莎士比亚）戏文，专主装点情节，不尚炫耀"。

吴嘉善上奏朝廷，以留美学生"腹少儒书，德性未坚，尚未究彼技能，实易沾其恶习"为由，建议撤回全体学生。陈兰彬也奏请遣返留美学生，说他们是"外洋之长技尚未周知，彼族之浇风早经习染"。

凄然返国

1881年夏，奕䜣接到陈兰彬奏折，征求李鸿章意见，李建议半裁半留；当时美国驻华公使转给总理衙门一封美国各大学校长的联名信，恳请中国不要撤退留学生。但奕䜣鉴于当时慈安太后突然病死，慈禧太后重出独揽大权，办事更加谨慎，终于同意召回全体学生，分三批回国。大多数学生中断了大学学业，还有的正在中学读书，不得不中途辍学返国。中国近代官费赴美留学的第一次尝试，就这样半途而废了。

尽管如此，这批留学生中还是涌现出不少各方面的专业人才和知名人士，设计建造京张铁路的詹天佑是其中之一，吴仰曾、邝荣光是中国第一批矿冶工程师，唐绍仪曾任北洋政府第一任国务总理。

最早的外国语学校：同文馆
同治元年（1862），总理各国事务衙门内设立了中国最早的外国语学校——同文馆。教师由外国人担任。同文馆的建立是近代中国新式教育的开始。图为北京同文馆大门。

公元1866年　公元 1866 年

世界大事记 第一国际在瑞士日内瓦举行第一次代表大会。

《清史稿·地理志十八》《沈文肃公政书》

丁日昌　李鸿章　爱国　尊严

人物　关键词　故事来源

○四四

沈葆桢台湾视察

日本借故出兵台湾，沈葆桢视察台湾，加强军备，赢得和谈退兵。

日本无理出兵

日本在明治维新初期，主张对外扩张，其中之一就是侵略台湾。

1874年（同治十三年），日本派兵三千六百余名于5月10日，在台湾琅王乔强行登陆。22日，二百名日军大举进攻石门，牡丹社首领阿禄父子等十六人在阻击敌人时牺牲。6月2日，日军主力一千三百余人分三路围攻牡丹、高士佛两社，遭到当地民众三千余人的顽强抵抗。翌日，日军占领牡丹社，并在龟山设"都督府"，妄图长期霸占此地。清政府派福建船政大臣沈葆桢为钦差大臣，"以巡阅为名"赴台湾办理防务；一面通过英、美、法三国，与日本谈判调停。

清粉彩课子图碟（上图）
曾国藩日记中关于制造、试验武器、轮船的记载

"中国版图，尺寸不敢与人"

沈葆桢，福州人。道光二十七年（1847）进士。他在船政大臣、两江总督兼通商大臣任上，就多次提倡兴办近代化工业、富国强兵。这次出任要职后，当即就要求清廷将日本侵台事件照会各国，澄清被日本扭曲的事实，并敷设闽台两地通讯电缆，使台湾瞬时的变化，不至朝闻夕至，贻误时机。在诸事办妥后，就于6月14日由马尾乘"安澜"号船舰前往台湾。6月16日抵达澎湖，视察海防一

两江总督沈葆桢（1820—1879）（清·吴友如绘）
林则徐女婿。在广信府（江西上饶）知府任上，因依仗夫人协助，赶走了围城的太平军而青云直上；由曾国藩保奏出任江西巡抚，但却与同为曾保奏的左宗棠，都对曾有嫌，但彼此都乐衷并公开于此种对立相煎，由此可以淡化当朝之忌也。

火轮炮赶得急（清末年画）
此图描绘了甲午战争期间的辽东战场。图中的"宋老帅"即提督宋庆，"马统领"为总兵马玉昆。

天，翌日至台湾安平，在台见道员夏献纶及总兵唐殿奎，商议防务。商议中提出了"联外交、储利器、储人才，台湾镇、道会商"的方针，沈葆桢还提出了对付日军的三项措施："理喻、设防和开禁"。

沈葆桢相当注重台湾。当天，他还特地赴安平郑成功祠瞻仰，对郑成功收复台湾赞叹不已，还应邀写了一副楹联：

开前古得未曾有之奇，洪荒留此山川，作遗在世界；

极一生无可如何之遇，缺憾还诸天地，是创格完人。

四天后，沈葆桢亲自起草了一份照会，特派专使送与日本侵台最高司令官，照会中大义凛然地声明："中国版图，尺寸不敢与人。"

筹建炮台加强海防

当时的台湾陆路防御十分空虚，军队战斗力低下。能作战的兵勇仅驻台的一千人和从内地刚调来的一千人。千里台地竟无一门合用的大炮。沈葆桢紧急吁请增援，积极筹划，招募乡勇，至8月中旬，兵勇已增至十六营八千余人。同时在安平修筑可容纳兵勇一千五百人的大炮台一座，内置大炮五尊，小炮四

"同治"的来由
载淳即位后，年号更改为"祺祥"，议政王、军机大臣受命恭议，以"同治"二字进呈，慈禧、慈安太后同意使用。"同治"表示两太后临朝而治。图为《谕内阁奉皇太后懿旨以明年为同治元年》。

尊；又在凤山县境内修东港炮台、旗后炮台；在澎湖建妈祖宫炮台，新筑大城北炮台；在北路筹建基隆炮台和沪尾炮台，使台湾各紧要海口均有炮台设防拱卫。

同时，沈葆桢还从德国购买洋枪，以台湾镇总兵张其光、台湾道夏献纶率兵分驻南北两路，令署镇曾元福组训南北乡团；奏请购买铁甲船，调派军队增防台湾，以"扬武"、"飞云"、"安澜"、"靖远"、"镇威"、"伏波"六艘军舰常驻澎湖，"福星一号"驻防台北，"万年一号"驻防厦门，"济南一号"驻防福州；"永保"、"琛航"、"大雅"三船充当运输舰，只派一船在闽、沪之间测海、通消息，开工马尾船厂，赶造船只。沈葆桢还派人负责"抚藩"的工作，以争取团结当地高山族共同抵御外敌。调防、布置基本就绪，清精锐部队——淮军亦于九十月间进驻台北，对日军形成兵临城下之势。

和谈退兵

一时间，中日双方剑拔弩张，形势十分紧张。双方都希望能够通过谈判解决问题。

7月中旬，日本派柳原前光出使中国进行谈判，8月1日，又任命大久保利通为全权大臣，赴华谈判。9月10日，大久保利通抵达北京。从9月14日至10月底，中日双方又举行了七次会谈。前四次会谈，双方争论的主要是台湾藩界归属问题及中国政府对台湾生藩杀害外国侨民事件的处理是否妥当。10月18日，在第五次会谈中，大久保要求清政府补偿其出兵费用；20日，在第六次的会谈中，中方同意"酌量抚恤"，要求日本退兵，由中国自己查办侨民在台遇难事件；23日，第七次会谈因"抚恤"数目发生分歧而未果；25日，大久保与柳原分别递交照会给总理衙门，声称要离华回国。经英国公使威妥玛出面调停，中日双方终于在10月31日签订了《北京专条》。

《苏武牧羊图》（清·任颐绘）
此画为清末著名画家任颐（字伯年）画于清光绪十四年（1888），他的画无论是笔墨色彩与构图都极有独到之处，是当时著名的海派画家。画此画时，正是国家多事之秋，以苏武的气节感化国人，这也是画家的用心。

另有《会议评单》规定中国先准给抚恤银十万两，日军于12月20日全部退出后，中国准给日本在台修道、建房等费用银四十万两。同年12月23日，日军撤离台湾。

○四五

王韬办报

王韬在流亡香港期间创办了《循环日报》，这是近代历史上由中国人创办的第一家报纸。他把自己的思想写成一篇篇政论文章发表在报纸上，在国内外产生了影响。《循环日报》不愧是早期中文报纸的执牛耳者。

落魄的江南才子

近代上海自开埠后，随着商业发达，报纸业也应运而生，开始是外国洋行办报，后来也有中国人参加办报，其中颇见成绩的是王韬。

道光二十七年（1847）王韬来到上海省亲，两年后，因当时上海墨海书馆的传教士麦都思的需要，王韬凭借着自己的国学底子，顺利地成了麦都思的中文助手，帮助修改、润色他的著作。其间他和麦都思共同翻译了《新约全书》、《格致新学提纲》、《光学图说》等宗教科学著作。在这段时间里，王韬系统了解了西方宗教思想和科学技术，对中西方思想文化的矛盾也有了自己的看法。

传说中的"长毛状元"

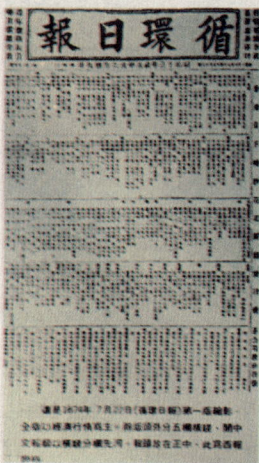

在上海的翻译工作虽然做得不错，但是王韬心中仍然想着追求功名。而正在这个时候，太平天国坐踞长江中下游，又向上海逼近。王韬觉得

弥足珍贵的《循环日报》报影
王韬于同治十三年（1874）创办了香港《循环日报》。取名"循环"，仍含有传统的"循环史观"。

这正是自己出人头地的好机会，于是从1858年到1862年，他接连上书清朝的封疆大吏，为如何平定太平天国出谋划策，希望能有高官提拔自己。可是他的这些上书绝大多数都如泥牛入海，没有什么回音。

怀才不遇的王韬眼见自己得不到清政府的赏识，便转而向太平天国靠近。而曾同他在墨海书馆一起读圣经的洪仁玕已经成为天国的干王，总理朝政。于是王韬便凭借这层特殊关系，数次跟随洋人访问太平天国的首都天京。咸丰十年（1860），他回家探亲时，太平军在李秀成的率领下准备进攻上海，原名王瀚的王韬化名"黄畹"上书天国苏福省的民政长官，为太平军的行动出谋划策，提出缓攻上海，结好英法，巩固长江中下游的策略。这份上书李秀成还没收到，却在同治元年（1862）三月，上海王家寺（卢湾区）大战时，因太平军败溃遗留

清黄地五彩云鹤纹大碗（上图）
王韬像
王韬体胖，且相貌古怪，时人有诗戏谑："吴门王胖，其才无双，豪具北相，圣压西方，牛马精神，猿獝品概，日试千言，倚狗可待。"但王却记录下来，自我调侃，且告各处友人聊以自嘲。

公元1866年　公元 1866 年

世界大事记

7月，英国保守党得尔比勋爵组阁，为与自由党轮流执政之始。

《弢园文录外编》

博学　善思

王韬

人物　关键词　故事来源

广绣花鸟画带酸枝木镶螺钿框挂屏

长46.5厘米，宽34.5厘米，产于晚清（1851—1911年），今藏广东省博物馆，挂屏以牙白色缎为底，绣以锦鸡、春燕及珍奇花卉，有锦绣前程之意，采用鳞刻、扎针、戗针、撒和等多种广绣针法绣成。边框以螺钿镶有八仙人物，花卉。内外谐调一致，极尽工巧。

言、信息灵通的环境，使中国人能够通过一个窗口来了解世界，了解中国，1874年2月4日，王韬在香港创办了《循环日报》。

讲到报纸，古代中国历来就只有一份记载朝廷文件的《邸报》。鸦片战争后不断有外国人在中国创办近代报纸，但大多数是英文版，就算是中文的，其创办者和后台老板都是外国人。而王韬所创办的《循环日报》从创办到编辑，从印刷到销售，都是由中国人来办的。所

战场，被清军搜查到了。薛焕、李鸿章等人看到这份上书都大吃一惊，幸亏太平军没有按照这份上书行动，否则后果不堪设想。鉴于这份上书的重要性，1862年清廷下旨捉拿"黄畹"，王韬一看情况不妙，急忙逃往墨海书馆，在英国人慕维廉的帮助下，通过英国领事馆，逃出上海，开始了长达数十年的流亡生涯。

这件事情后来经过不断的流传，上书的王韬被演绎成太平天国时期的状元。

从此，他改名为王韬。

流亡香港，创办《循环日报》

王韬逃到香港之后，用了数年的时间周游列国，遍访欧洲。在欧洲的游历中，他逐渐认识到西方舆论的公开、报业的发达对于促进国家的发展和政治的清明是有因果关系的。为了学习西方，开拓一个畅所欲

> **历史文化百科**
>
> 〔墨海书馆〕
>
> 英国传教士在上海设立的第一个编译、出版机构。道光二十三年（1843），伦敦布道会传教士麦都思自巴达维亚（印尼雅加达）迁来，取以此名。由麦都思、伟烈亚力先后主持，长达二十余年。主要业务是印刷《圣经》和有关小册子，后也编译、出版科技书籍。印刷机曾以一耕牛旋转机轴，时人有诗："车翻墨海转轮圆，百种奇编宇内传。忙杀老牛浑未解，不耕禾陇耕书田。"

《上海洋泾浜北首租界章程》

上海租界的市政权由殖民主义者掌握。公共租界工部局成立后不久，殖民主义者借口"因上海居民日增，以致实施法律及维持秩序时所发生之意外事件"，已非以前制订的章程所能应付，需要搞一个新的章程，目的是既增加工部局的权力，又使租界的市政权"合法"化。同治四年（1865），工部局董事会举行特别会议决定成立一个专门委员会来修改章程。以后，在各国领事的授意下，完成了章程草案的修订。同治五年二月召开的租地人特别会议上，通过了《上海洋泾浜北首租界章程》。

以《循环日报》可以说是历史上第一份由中国人创办的报纸。

《循环日报》采取日报的形式，除星期天外每日发行。更重要的是，《循环日报》一开始就以政论报纸的面貌出现，王韬作为报纸的主笔，几乎所有的政论都由他来写，在报上定期刊登。从1874年5月到1885年12月，王韬以"天南遁叟"、"遁窟废民"等笔名在报纸上发表政论文章八百九十篇。王韬的政论笔锋犀利，短小精悍，文笔流畅，在报纸上向国人传播最新的西方思想和知识；作为政论报纸，王韬和他的同仁们纵论世界大事，畅谈国家未来，给人耳目一新的感觉；以引导社会舆论为方向，《循环日报》敢于议论社会的弊端，积极针砭时事；它经常被内地报刊转载，日后维新派所办的报纸很多都沿袭了《循环日报》的风格。在王韬和他的编撰人员的努力下，《循环日报》在19世纪七八十年代成为当时发行量最大的华文报纸，在国内国外都有常驻的代理。可以说在那个时候，《循环日报》开风气之先，成为报界龙头老大。

游遍西方，著书立说

王韬在年轻的时候就有读"域外书"，做"汗漫游"的想法。流亡香港后，在英国人理雅各的邀请下，从1867年起开始了在欧洲长达数年，"历行数十国"的游历。在这段时间内，他先后走访了英、法等世界强国，留意当地的科技和文化。作为一个有心人，他还将自己在欧洲的游历过程编成《漫游随录》一书，向国人介绍英国的议会制度、法国的卢浮宫等。他在法国旅居时，正逢普法战争。王韬作为亲历者，将此次战争原原本本地记录了下来，并加上自己的评述，出版了《普法战记》，此书在国内外知识界产生了影响。1879年，王韬还去了一次日本，了解明治维新后的日本社会，并写了一本《扶桑游记》。为国人了解学习日本开了一扇窗户。

清雕云龙纹紫檀官皮箱

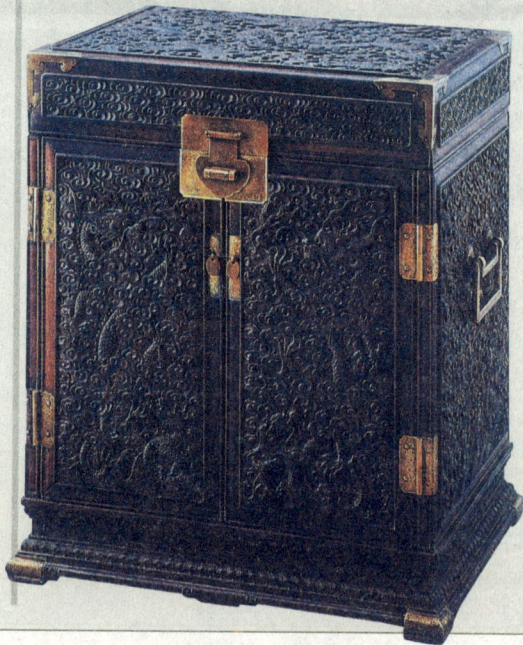

《左文襄公奏稿》

正义　爱国

左宗棠　阿古柏

人物　关键词　故事来源

左宗棠收复新疆

世界主要资本主义国家加紧了对中国边疆地区的鲸吞蚕食。边疆危机接踵而至，是放弃还是收复被侵占的领土，清政府内部也有激烈的争论。

阿古柏侵占新疆

新疆自古以来就是中国的领土。鸦片战争以后，沙俄乘中国国力衰弱之际，侵占了新疆西部的大片领土，还妄图进一步侵吞整个新疆。

同治四年（1865），中亚浩罕汗国安集延部落的军官阿古柏，乘新疆地区纷乱之际，率军侵入喀什噶尔等城。1867年，阿古柏在南疆宣布成立"哲德沙尔"（七城汗国），自称"毕调勒特汗"（意为"幸运之主"）。1870年又进占乌鲁木齐和吐鲁番盆地。至此，南疆全部和北疆部分地区都被阿古柏侵占。英国和俄国与阿古柏相勾结，先后订立"条约"，承认阿古柏伪政权，以达到各自的卑劣目的。

新疆怎能放弃

同治十三年（1874），西北边疆危机迫在眉睫，东南沿海的防务也由于日本侵入台湾而告紧张。清政府官员为海防、塞防展开激烈的争论。直隶总督李鸿

左宗棠像（清·马骀绘）

清大龙邮票三分银试模样票

这是清光绪四年（1878）设计的，无齿，横双连，面值为"叁分银"，从图案上看，与前述"贰钱银"完全一致，只是制作得更精细一些罢了，颜色也由紫红改为朱红，更加醒目了。

▶历史文化百科◀

〔左公柳〕

左宗棠从来重视种树。他在西北时，就在陕西、青海、甘肃、宁夏和新疆等地区号召、组织兵民普遍植树，其中最多的是易于在风沙处长活成林的柳、杨和榆树。光绪二年（1876），他奉命西征，在自兰州西至玉门、安西，直达哈密、乌鲁木齐以西的三四千里官道两侧植树，有一二百万株之多，人称"左公柳"。

光绪五年（1879），左宗棠旧部杨昌濬应他举荐，前来兰州出任陕甘帮办军务。当他进入陕甘境时，看到夹道杨柳成行，浓阴蔽日，宛若塞外江南，即吟成一诗《恭诵左公西行甘棠》：

大将筹边尚未还，湖湘子弟满天山。

新栽杨柳三千里，引得春风度玉关。

先北后南左宗棠收复新疆

光绪元年（1875），左宗棠被任命为钦差大臣，督办新疆军务。他按照先北后南的路线，接连攻占了乌鲁木齐旁的古牧地、昌吉、呼图壁、玛纳斯等地，其后又向南连克坂城、吐鲁番和托克逊等地，收复了新疆除伊犁以外的全部国土。图为当时反映左宗棠收复新疆的《克复新疆乌鲁木齐等城回逆战图》。

章强调海防的重要性，提出放弃新疆，把军力和军费转用于东南海防。陕甘总督左宗棠慷慨陈词，坚决反对放弃新疆，认为："若此时即停兵节饷，自撤藩篱，则我退寸，而寇进尺"，"宜以全力注重西征，俄人不能逞志于西北，各国必不敢构衅于东南"。左宗棠赤诚的爱国之心，感动了大批满汉官员。清政府决定收复新疆。光绪元年（1875），诏令左宗棠为钦差大臣，督办新疆军务。

与内地相连新疆建省

左宗棠收复新疆后，又向朝廷提出了在新疆建省的建议。清政府在长时间犹豫不决之后决定在新疆建省，刘锦棠被任命为第一任新疆巡抚。图为宣布新疆建省的《新疆设省谕旨》。

出关西征，驱敌复土

左宗棠是湖南湘阴人，一贯采取坚决抵抗的鲜明态度。出征新疆时年已六十五岁的左宗棠不顾年迈体衰，不计个人得失，勇挑收复国土的重担。

次年4月，左宗棠从兰州进驻肃州（酒泉），以此为西征大本营。他在肃州修浚酒泉湖，日夜与幕僚泛舟湖中，饮酒赋诗，悠然自乐，敌谍多次侦知探报，以为他迷恋湖光山色，早把西征忘怀了，就放松了戒备，但就在此时，左宗棠完成了全部战备，各路人马已纷纷出发了。在新疆，这支正义之师得到当地各族人民的大力支持，他们主动献出粮食、马匹，充当向导。8月中旬开始，清军遵循左宗棠制定的"缓进急战、先北后南、稳扎稳打"的战略战术。经过三个多月的激战，收复了乌鲁木齐及其周边城镇。打垮了盘踞在北疆的阿古柏势力，西征军建立了可靠的基地，为攻打南疆创造了有利的条件。

熬过了严寒的冬季。第二年春天，战斗又打响了。阿古柏集结数万兵力在达坂城、胜金口和吐鲁番、托克逊设置了两道防线，自己在喀喇沙尔（今焉耆）督战。左宗棠决定分进合击，由刘锦棠率部进攻达坂城，张曜率部进攻吐鲁番。仅半个月时间，连破阿古柏两道防线，打开了通向南疆的门户。5月底，阿古柏在库尔勒服毒自杀。西征军乘胜打响收复南疆的战役，先后收复南疆"东四城"喀喇沙尔、库车、阿克苏、乌什和"西四城"喀什噶尔、叶尔羌、英吉沙尔、和阗。

在此期间，左宗棠首创请将新疆建行省，改郡县；在收复南疆八城后，又上疏提出："新疆改设行省，事关西北全局。"光绪十年（1884）新疆终于正式设省，由刘锦棠任首任巡抚。

新疆除了伊犁地区以外，又重新回到祖国的怀抱。

酸枝木镶螺钿贵妃床

床高106.5厘米，长185.5厘米，宽60.5厘米，制于清晚期（1851—1911），此床加工讲究，用料精美，再镶以螺钿，更加精美，显得分外富丽，看其细部，就如同欣赏一幅幅图画，不禁会发出感慨：此物只应天上有。

○四七

曾纪泽争还伊犁

弱国无外交。在清代外交史上，他却是一个没有给中国带来更多失败和屈辱的外交官。

强占伊犁，无意归还

左宗棠率军打垮了阿古柏侵略军，收复了乌鲁木齐等重镇和南疆地区以后，清政府立即着手收复伊犁。

伊犁在北疆西部，包括宁远、惠远、惠宁、绥定、广仁、熙春、拱辰、瞻德、塔勒尔等九城。伊犁河、特克斯河流经这里，农牧相宜，是新疆的富饶地区之一。清政府设伊犁将军，驻宁远城。同治十年（1871），沙俄

遭国人唾骂的崇厚

崇厚（1826—1893），完颜氏，字地山，满洲镶黄旗人。创立北洋机器局。光绪四年（1878）赴俄谈判，次年私自签订《里瓦几亚条约》，丧失了伊犁之外的大片国土，遭国人唾骂，随即下狱，后病死。

乘阿古柏之乱，以帮助清政府"安定"边境秩序和保护侨民为借口，悍然出动重兵，强占伊犁。但沙俄却欺骗说"无久占之意"，"一俟关内外肃清，乌鲁木齐、玛纳斯各城克复后，当即交还"。光绪二年（1876）收复乌鲁木齐后，清政府要求沙俄履行诺言，沙俄毫无归还之意，只是推诿延宕。阿古柏覆灭后，清政府多次向沙俄交涉，回答是"先议后交"。

雪前耻曾纪泽收回伊犁

曾纪泽（1839—1890），清末外交家，经世派学者，湖南湘乡人（今属双峰），字劼刚。曾国藩长子。1878年出任驻英、法大臣，补太常寺少卿。1880年兼驻俄大使，与俄谈判收回伊犁事宜，一洗崇厚向帝俄屈辱丧权失地之耻，于1881年2月24日改签《中俄伊犁条约》，收回伊犁和特克斯河地区。

公元1868年

公元 1868 年

世界大事记 日本天皇改元明治，迁都江户，改名东京。

《奉使俄罗斯日记》曾纪泽 正义 爱国 曾纪泽 吉尔斯

人物 关键词 故事来源

端石梧桐叶砚

长18厘米、宽14厘米、厚1.9厘米，制作于清光绪年间，乍看去就似一片秋叶，故名梧桐叶砚，为老坑石，此砚造型简单，因势而成，但石质之细腻，纹理之清晰，令人惊叹。

崇厚擅订
《里瓦几亚条约》

清政府任命崇厚为全权代表出使俄国谈判。崇厚是个庸才，1879年10月2日，在沙俄的胁迫、愚弄下，于克里米亚半岛的里瓦几亚擅自与沙俄签订了《里瓦几亚条约》。条约规定：中国仅收回伊犁城，但沙俄割去伊犁西面霍尔果斯河以西、伊犁南面特克斯河领域和塔尔巴哈台地区斋桑湖以东的土地，赔偿"代收代守"伊犁兵费五百万卢布（合白银二百八十万两）等等。消息传回北京，舆论大哗，全国朝野纷纷指责崇厚擅权卖国。清政府拒绝批准条约，并将崇厚革职治罪，改派曾纪泽赴俄重新谈判。同时，左宗棠部署三路出兵，作出用武力收复伊犁态势。他自己已率领亲军离开肃州前往新疆哈密。在乘舆后，更有几名壮士抬着一口空棺材跟着前进。他已做好马革裹尸的准备，有力地作为后盾，配合曾纪泽谈判。

艰难的谈判

光绪六年（1880）初，清廷任命驻英、法公使曾纪泽兼任出使沙俄钦差大臣，赴俄交涉改约事宜。曾纪泽是曾国藩的长子，读书用功，精通英语。当年他觐见慈禧太后。她问："你和洋人谈判，是否会讲英语？"曾纪泽回答："我会讲英语，但我只让翻译译给我听。"慈禧感到奇怪："既然会讲，为什么还要翻译呢？"曾纪泽说："我是中国外交官，只能讲中国话。另外我还可以在翻译说话时，考虑如何应付对方的话。"他很聪明，更不失维护国体。

这次他知道受命赴俄任务艰巨，犹如"探虎穴而索已投之食"。

谈判桌上，气氛异常紧张。

"我国已和崇厚有约在先，照约办，还有什么可更改的？"说话的是俄国代理外交大臣吉尔斯，是个训练有素的外交老手。他清楚清廷的腐败和官员的无能，估计新使者不比崇厚强多少，连唬带蒙就完事。

"据本人所知，各国签约，须政府批准后方生效，崇厚擅自签约，也只是草约，未经批准，崇厚也受到惩办，如今还有何条约可依？又为何不能重新商议？""这……"吉尔斯一时语塞，觉得此人不易对付，便无理取闹，提出曾纪泽没有资格谈判改约，说崇厚是特派头等使臣，而曾纪泽是二等公使，不称全权，头等所定的事，二等也能改？曾纪泽反驳说："使臣无论头等、二等，均无可以故违其国家之意而专擅自便者。以前倭良嘎哩、布策两大臣有何等事权，不也在中国办事吗？"

伊犁回归

经过近一年的据理力争，于1881年2月签订了《中俄伊犁条约》，中国收回了伊犁地区及特克斯河流域一万九千余平方公里的土地。条约仍然是一个不平等的，但曾纪泽为祖国争回了一部分权益，这在清季外交史上也属罕见。

143

太监出京

清廷有一条法令：太监不许擅出皇城职司以外，违者即行凌迟处死。又特立铁牌于宫内，严禁宦官干预政事。就有这么一个太监，受慈禧太后的宠信，胆大妄为，做了别人不敢做的事，结果如何呢？

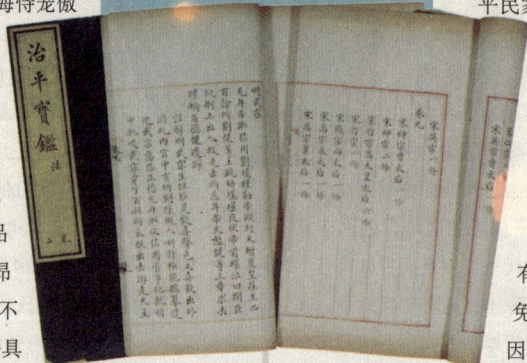

安德海为所欲为

安德海是御前太监，直隶南皮人。入宫后人称"小安子"，他能说会道，善于察言观色，见风使舵，深受慈禧太后的宠信。祺祥政变前，慈禧太后在热河密召恭亲王奕䜣，就是他在其间冒着风险通风报信。垂帘听政后，安德海恃宠傲物，肆无忌惮，连恭亲王都不放在眼里。

皇帝、太后用膳的餐具格外讲究，碗盘碟匙都用瓷、金银、珐琅等制作，由定点窑场供奉，是精品中的精品，价格也特别昂贵。安德海哪管这些，也不计使用时损耗多少，只按餐具总数，每月领取一份，遇到婚丧喜庆，还要翻倍。奕䜣得知此事，料想其中必有奥妙，叫来安德海问个究竟。

"小安子，当今国事艰难，宫中各物来之不易，须节俭才是。"安德海没正眼看他，怪声怪气地说：

洋务运动执牛耳者（明信片）
洋务运动的重要人物奕䜣（中）、李鸿章（左）、张之洞（右）。

"六爷也管这类盆碗小事？"奕䜣生气了，说："每月悉数领取，存者自然不少，何非再索不可？"安德海不冷不热地回答："也罢，今后不取就是了。"

第二天用餐，慈禧太后端起碗就觉得粗糙笨重，再一看满桌的餐具全变了样，粗碗劣盘，只有市井平民家才使用。问安德海，恶人先告状，说是奕䜣要搞节俭所致。慈禧找来奕䜣，不问青红皂白就呵斥："好个节衣缩食，节到我头上来了。"

安德海这一折腾还真有效，它导致了奕䜣最终被免去"议政王"。此乃一说。因为内务府条例对官用杯盘器皿使用时限有明文规定，少则半年，多至十年，并无一月供应之例。但安德海进谗，投慈禧之好从中挑拨，确是加深了慈禧对奕䜣的恶感。奕䜣做梦也不会想到，自己乃首席亲王，竟被一个太监陷害。他下定决心：不杀这阉人，愧对朝廷，愧对自己。

下江南办差事，招摇过市

安德海在宫里呆腻了，想外出开开眼界。祖制历来有规定，太监不得出都门，违者死无赦。可是他有慈禧太后的宠幸和姑息，还有什么不敢做的。太后答应他去苏州，采办同治皇帝大婚时所需龙袍等物。

慈禧太后的政治参考书（上图）
《治平宝鉴》是清朝的张之万所撰写，选录了汉唐以来的帝王政治及母后临朝事宜，择取其中的优缺点，直录而不避讳。慈禧太后从此书中学习了许多政治谋术。

水墨设色纸本立轴（清·李魁绘）

清红料雕团螭纹碗

　　太监奉旨差遣出远门，清朝历史上闻所未闻。为了这头回风光，安德海大大张罗了一番。两条大船装饰新奇，船头挂一面奇特的日形三足鸟旗，船旁插着龙凤旗帜。随员有男女多人，乐师、乐女边行边弹奏。

　　1869年8月，安德海率船队顺大运河南下。沿途声势煊赫，热闹非凡，围观者不计其数，争先目睹京城来的大官，细打听才知道是个太监。

杀了安德海，"暴尸于市"

　　一路招摇到了山东德州，知州赵新不知所措，急忙报告山东巡抚丁宝桢。赵新不敢用正式公文禀报，只用一张夹条，这样不会存卷。丁宝桢其实早就知道了。早在几年前，他进京入觐，奕訢就和他为安德海事打招呼了。这时奕訢也派心腹下山东通知丁宝桢，速作准备，张网捕鱼，并告以这是同治帝的指示。丁宝桢不敢怠慢，命令东昌知府程绳武跟踪安德海，追赶了三天，没敢动手。再令总兵王正起率兵追至泰州，拿获安德海，押解到济南。同时，一份奏折传递奕訢手中。

　　奕訢盼望已久的事终于来了。他趁慈禧有病（一说正在看戏），征得东太后慈安的同意，拟定谕旨，急发山东，命令当地官员"毋庸审讯，即行就地正法"。丁宝桢杀了安德海，"暴尸于市"。

　　慈禧得知此事已晚，再说满朝官员包括她的妹夫奕譞都说该杀，她无可奈何，只是怀恨在心。

145

〇四九

叔嫂争权

慈禧太后一旦坐稳了宝座，奕䜣就成为一种潜在的威胁。

慈禧责骂重用汉人

慈禧太后有非常强烈的政治意识和非常精明的政治权术，这是议政王奕䜣从未料到的，因而他吃了大亏，在他后半生，四次遭黜、现在且说第一次，削去议政王位一事。

他们最早公开冲突的焦点是重用汉人。

慈禧太后揶揄奕䜣议政尽用汉人，说："这天下，咱们不要了。送给汉人吧！"

奕䜣策划政变

恭亲王奕䜣联合其他势力共同策划反对八大臣的行动，并且借奔丧之名在热河与两宫太后密谋，一面筹划新皇帝即位事宜，一面暗中准备政变。图为奕䜣的照片。

奕䜣不服。慈禧气愤地说："你这个人事事与我作对，我将你罢官。"

奕䜣也不示弱说："臣是宣宗（道光帝）第六子，你能罢我的官，不能罢我的皇子。"因为跪得长久，不耐烦，就自己站了起来。

慈禧见了，大喊，说奕䜣想要搂她。两旁太监赶紧打圆场，请奕䜣先行离开。

蔡寿祺再上疏弹劾奕䜣

蔡寿祺是江西德化人，道光二十年（1840）进士，曾任翰林院编修。把矛头指向当时的首号权贵，不是没有道理，他是猜透了慈禧太后的心思。

北京恭王府花园

窦宗一《李鸿章年谱》
李慈铭《越缦堂日记》
王闿运《祺祥故事》

慈安太后　慈禧太后　奕䜣　权术

慈安太后　慈禧太后　奕䜣

人物　关键词　故事来源

諭左廷王大臣等同有朕奉兩宫皇太后懿旨本月初五日據蔡壽祺奏恭親王辨事徇情貪墨揽權狥私諸多取巧欺飾何以能辦理國事諸始尚口無津語之間許多徇情夫事多因貴族之間許多徇情始初尚無津語之間許多因貴族之語多任性妄為……恭親王從議政以來妄自尊大諸多狂傲往往暗使離間以致種種情形難以枚舉若不即早宣示朕意恐傲慢之漸將來萬難收拾後患何堪設想……著加恩革去一切差使不准干預公事方是朕保全之至意特諭欽此

慈禧太后手书

同治四年（1865），慈禧太后亲笔手书罢免恭亲王奕䜣，字迹如同蒙童，错别字连篇，但行文款式却合符。她指示此诏由内阁发，因军机处班底均系奕䜣成员。

这时蔡寿祺，再次上疏弹劾奕䜣，罗织了"贪墨、骄盈、揽权、徇私"等罪名，要奕䜣罢官引退，"归政朝廷，退居藩邸……方可保全名位，永荷天庥。"

慈禧暗自高兴。这天奕䜣晋见，慈禧告诉他："有人劾汝。""是谁？""蔡寿祺。"奕䜣大声道："蔡寿祺不是好人"，还要捉拿他来问个明白。两宫太后见奕䜣嚣张，更加气愤。

欲治奕䜣罪，大臣们无人敢言

几天后，两宫太后召见大学士周祖培、瑞常，吏部尚书朱凤标，户部侍郎吴廷栋，刑部侍郎王发桂等，哭着说："恭亲王植党擅政，无法再忍受，定要治他罪。"众官员面面相觑，没人吭气。西太后说："诸臣当念先帝，不必怕恭亲王，亲王罪不可逭，宜速议！"还是沉默。首席周祖培只得先开口："此唯两宫乾断，非臣等所敢言。"西太后回答："看来，是养了一群废物。他日皇帝长大成人，你们这些人能免获咎吗？"周祖培硬着头

《杜鹃图轴》
（清·吴昌硕绘）

皮答："此事须有实据，容臣等退后详察以闻。并请与大学士倭仁共治之。"太后令退下，大臣们才松了口气，个个汗流沾衣。

倭仁，蒙古正红旗人，任大学士、军机大臣。他反对任何改革，是顽固派的代表。奕䜣常与外国人打交道，是清廷中最早形成洋务思想的高官。倭仁对奕䜣迷恋洋务一向不满。

然而，要整奕䜣也不容易。倭仁、周祖培追问蔡寿祺，才知是轻信总理衙门传闻，说通商大臣薛焕行贿和陕西巡抚刘蓉

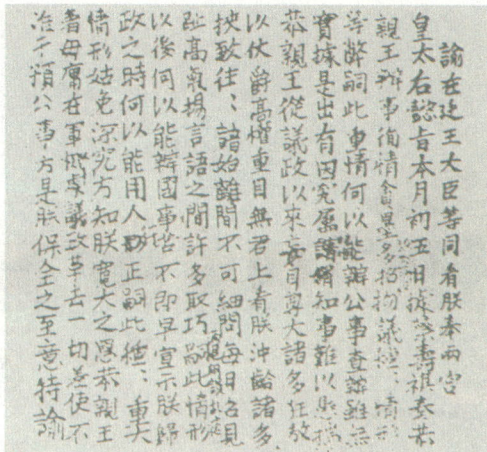

故宫太和殿

因开后门而加官，原本就没有这回事，况且与奕䜣风马牛而不及。结果令他们失望。

谕旨引来波折

慈禧太后迫不及待，于4月2日公布一道亲笔书写的懿旨，斥责奕䜣并革去他一切差使，不准干预公事。此诏错别字连篇，被称作"别字连篇之手诏"。

一纸严诏，令人悚然。为奕䜣说话的也不少。第二天，惇亲王奕誴上疏说："恭亲王自议政以来，办理

广绣花鸟画带酸枝木镶螺钿框挂屏（局部）

事务，未闻有昭著劣迹，唯召对时语言词气之间，诸多不检，究非臣民所共见共闻。而被参各款，查办又无实据。"奕誴虽出嗣老惇王绵恺，但他是奕䜣的哥哥，系宣宗近支亲王中最年长者，说话分量不轻。

奕䜣确有诸多不检点。两宫垂帘听政，无论何等大员，没有总管太监传旨，不得径入，而奕䜣不俟传旨便入。处理内外诸事，往往不听太后意旨，擅自作主。东太后能容忍，西太后另有打算。

醇郡王奕譞也为奕䜣说情："至其往往有失检点，乃小节之亏，似非敢有心骄傲。若因此遽尔罢斥，不免骇人听闻。"奕譞是奕䜣的弟弟，慈禧的妹夫，说话也管用。其他官员明知慈禧在重操"鸟尽弓藏，兔死狗烹"的君王伎俩，担心奕䜣下台会殃及自己，所以纷纷上奏，为奕䜣开脱请命。

奕䜣认输了。5月8日，两太后召见，奕䜣伏地痛哭，不知是委屈还是悔过。结果，没有革去奕䜣的一切差使，但从此取消了他的议政王王位。

公元1869年

公元 1 8 6 9 年 >

世界大事记　11月，苏伊士运河落成典礼。

慈禧太后　奕譞　载淳

权术　奸佞

《翁同龢日记》《光绪东华续录》

人物　关键词　故事来源

○五○

同治帝死了

同治十三年（1874），才亲政一年的皇帝载淳死了。年仅十九岁。

同治帝是当年十月三十日忽患重病的，十二月五日不治而死，只有三十五天时间。因而对于他的死，从来就有多种说法，通常所说，他因慈禧太后垂帘，迟迟不肯撤帘还政，颇为愤懑，但又无可奈何；加上太后对皇后处处压制，不让她与皇帝同房，由此忧郁多时，而患病了的。

对于同治帝病症，清末民初野史笔记说他是经常出宫到妓院行乐，因为到高级妓院，人多眼线细，易被识破身份，于是只得玩天桥那儿的下三流妓院，就此染上梅毒；但据官方和翁同龢等近臣所说，是死于天花。

同治帝死后，年轻的皇后采取了绝食自尽，死时也仅十九岁。

嗣皇帝的幕后

同治皇帝丢下的皇位由谁继承？皇亲国戚们议论纷纷，谁说了也白搭，有人早已定好继承大选，不管合适不合适，她一人说了算。

同治帝谥宝（及上图）

同治帝死后，谥号为"穆宗毅皇帝"。图为穆宗毅皇帝谥宝，印文为"穆宗继天开运受中居正保大定功圣智诚孝信敏恭宽明肃毅皇帝之宝"。

深夜召开御前会议

同治帝丢下未坐稳的皇帝宝座，年纪轻轻地撒手走了。

慈禧太后着实为亲生儿子的暴卒而悲痛不已。她一直庆幸自己的命运好，受宠又得子。没想到二十六岁守寡，四十岁丧子，女人之不幸，莫过于此。悲伤并没有击倒她，这一切反而为她把持政权创造了条件。

同治皇帝刚崩逝，慈禧太后就迫不及待地抛出自己酝酿已久的"立嗣计划"。

夜已深了，惇亲王奕誴、恭亲王奕䜣、醇亲王奕譞、孚郡王奕譓、李鸿藻、翁同龢等王公大臣接到太后的懿旨，火速赶往养心殿西暖阁议事。皇亲、大臣们满腹狐疑，不知发生了什么事。

同治帝之死

同治十三年（1874年）十月，同治帝患重病，御医诊断为天花，过了几天病情越来越严重。同治十三年十二月五日，同治帝在养心殿东暖阁气绝身亡，终年十九岁。图为《同治帝气绝之日进药档》，选自《万岁爷天花喜进药用药底簿》，证实了同治帝是死于天花。

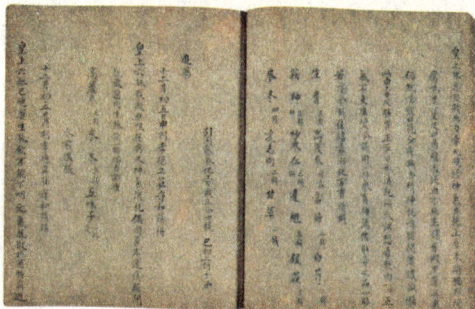

公元 1870 年

违众意，太后拍板

慈禧太后两眼红肿，哭诉皇帝病重，不易治愈，请诸皇亲、大臣来商议宗室中可成为嗣皇帝、入继大统的人选。慈安太后表情悲伤，默默无语。

慈禧归政载淳议婚

一直拖延到载淳17岁时，慈禧太后才不得不归政给皇帝，比规定时间晚了3年。按规矩，归政之前先要为皇帝议婚，最后同治帝按照慈安的意思选择了翰林院侍讲崇绮之女阿鲁特氏为皇后。图为《孝哲毅皇后朝服像》。

同治帝登基大典时穿的靴子
这双石青色素缎靴是同治帝登基时穿的靴子。

选立皇太子，清朝自有"家法"：皇帝有一子，该子承袭；有数子，择贤而立。皇帝无子，选自侄辈，不论年龄长幼。就是说，嗣位者必须比先皇帝晚一辈，应该从皇族近支的"溥"字辈中挑选。

有人提议立溥伦为太子，他属皇族近支旁系，条件不够。又提议溥伟，他是恭亲王奕䜣的孙子，慈禧早就讨厌恭亲王了，可能性没有。再说，如果"溥"字辈人当了皇帝，慈禧太后就要退居二线，虽尊名为太皇太后，但与皇帝疏远，怎么能垂帘听政呢？权欲熏心的慈禧当然不会这样做。

慈禧沉不住气了，说出溥字辈中无人选，只有通过其他途径，如醇亲王的儿子载湉最合适。还要让载湉做她的儿子，立为文宗（咸丰帝谥号）的继嗣，改年号为光绪。很显然，这是违反"祖宗家法"的行为。

奕譞吓得魂不附体

王公大臣们听了无不惊讶，全都大眼瞪着太后，不敢说话。突然走出一人跪在慈禧面前，额头磕得"噔噔"响，抽泣着说："皇上虽染病，但年轻，建储尚早，吾子幼稚无知，难负此重任。"

坤宁宫皇帝大婚洞房

坤宁宫原先是明朝皇后的住所，在清代改为祭神场所。康熙四年（1665）玄烨大婚时，太皇太后指定大婚在坤宁宫合卺礼。同治皇帝、光绪皇帝大婚，溥仪结婚也都是在坤宁宫举行。雍正以后，皇帝移住养心殿，皇后也不再住坤宁宫，坤宁宫实际上已作为专供萨满教祭神的场所。

这人是醇亲王奕谡，儿子要当皇帝，欢天喜地都来不及，怎么会伤心呢？

奕谡是道光皇帝的第七子，庄顺皇贵妃乌雅氏所生。咸丰皇帝在位的十一年间，除了得到"醇郡王"头衔外，受其他恩典甚少。自从祺祥政变后，倍受慈禧太后的信任，迭授正黄旗汉军都统、正黄旗领侍卫内大臣、御前大臣等职，1872 年进封为醇亲王。他飞黄腾达的原因很简单，他是慈禧的亲妹夫。

要把自己才四岁的儿子载湉过继给慈禧，奕谡感到太突然，也太难接受了，他舍不得让一个不懂事的孩子离开温暖的家，更担忧孩子的前程。

慈禧见奕谡伏地不起，没再答理他，用手绢抹着泪水，终于宣布："皇上已经驾崩了。"顿时，西暖阁内哭声、抽泣声四起，谁也没料到同治帝会病死，毕竟才十九岁呀。奕谡"哇"的大叫一声，晕倒在地，三四个内侍上去呼唤也不醒，只好抬出大殿救治。

再次登上"垂帘听政"的宝座

慈禧太后的选择不无道理，载湉既是外甥又是侄儿，亲上加亲。载湉是咸丰帝的侄子，与载淳同辈，皇太后的身份改变不了。奕谡是妹夫，处世极为圆滑，对权力兴趣不浓，不会构成威胁，更比小叔听使唤。再说，载湉才四岁，仍少不了皇太后代理朝政。

1875年1月15日，即同治皇帝崩逝后的第三天，慈禧发布懿旨："唯念嗣皇帝此时尚在冲龄，且时事多艰，王大臣等不能无所禀承，不得已姑如所请。一俟嗣皇帝典学有成，即行归政。"同治帝亲政不久就逝去，再次垂帘听政的慈禧，到何时才能真正归政呢？

151

○五一

杨乃武与小白菜

同治、光绪年间，浙江余姚县发生了一起大案。此案本是民间常见的刑事案，却因办案官员层层舞弊，以至轰动朝野，惊动太后，又牵涉到数十名官员的革职。究竟是什么案件引起这么大的波折？

俊丽的"小白菜"

余杭县城住着一户姓毕的人家，男主人去世多年，母女俩相依为命。女儿毕秀姑，肤莹洁，体轻盈，常穿绿色上衣，系白色围裙，街坊们叫她"小白菜"。女儿大了留不住，家境贫苦，有钱有势的不会真心娶她，只有找个门当户对的。

1872年春，豆腐店伙计葛品连娶媳妇，左邻右舍都来看热闹，异口同声称赞"小白菜"长得漂亮。

葛家住宅狭窄破旧，没钱拆旧翻新，租借了举人杨乃武家的一间余屋。豆腐店离家较远，葛品连常在店里过夜。时而收工回家，撞见杨乃武在教自己妻子读书识字，有时还同桌共餐。次数多了，难免不起疑心。此事不胫而走，"羊吃小白菜"的流言蜚语满街传闻。

余杭知县刘锡彤的花花公子刘子翰，见小白菜俏丽，起了歹心。经过软硬兼施，终于勾引到了小白菜。

葛品连突然死亡

杨乃武出生于书香门第、殷实人家，相貌英俊，文才出众。小白菜认识他后，越看丈夫越不顺眼，没钱没文化不说，身体还有病，患了丹毒，俗称流火，走路一瘸一拐的。她后悔自己嫁了个穷瘸子。

清铜胎画珐琅花卉双鹿纹瓶

初冬，天气寒冷，葛品连的病又犯了。为了几个工钱，拖着红肿的腿脚去做工。晚上回到家，双腿不能动弹，倒在床上。半夜，小白菜听见丈夫喉咙口急促的出气声，上前细看，不由得尖叫起来：丈夫口吐白沫，已奄奄一息。叫声惊动了隔壁房内的婆婆，跑来一看，吓得半死。

第二天早晨葛品连断了气，母亲为儿子穿寿衣时，查看尸身，未发现异常，便匆匆办理完丧事。

酷刑逼供，屈打成招

原先就有风言风语，如今丈夫暴死，街头巷尾传出小白菜毒害丈夫的流言。婆婆信以为真，请人写了状纸，以通奸谋杀罪告了媳妇和杨乃武，要为儿子讨个公道。

知县刘锡彤见被告是杨乃武，不问状词虚实，先令验尸。尸体已腐烂，腿部粗肿，肤色青紫。验尸报告称：死者确系中毒毙命。杨乃武和小白菜都成了杀人嫌疑犯，被关进大牢。

经严刑逼供，熬刑不过，小白菜供认自己与奸夫合谋，毒死了丈夫。

再传讯杨乃武，起初他拒不承认，经严刑逼供，只得承认买了毒药害死葛品连。结果，被革去举人功名，与小白菜都是死罪。

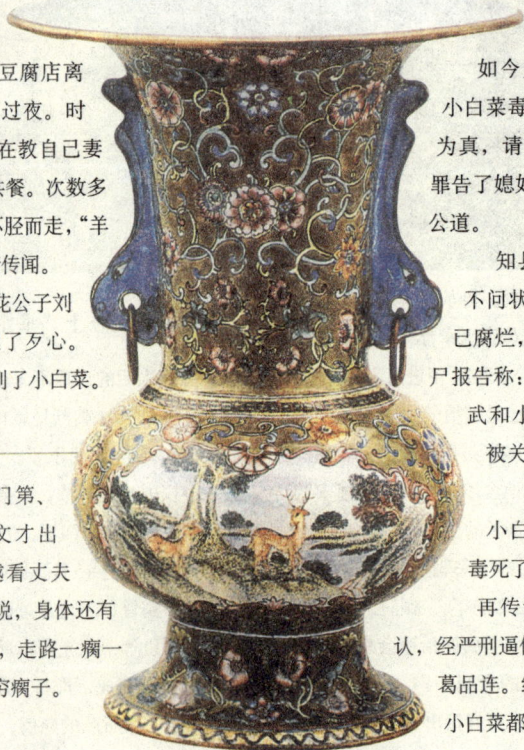

公元1870年

公元 1 8 7 0 年

世界大事记

4月，俄国列宁生。

杨乃武　葛品连　小白菜　冤狱

李慈铭《越缦堂日记》《西神遗事》《翁同龢日记》

人物　关键词　故事来源

上海广益书局20世纪40年代推出的通俗小说《杨乃武》插图

众人为冤案鸣不平

杨妻杨詹氏深信丈夫是清白无辜的，与杨的胞姐千里迢迢上京呈递冤状。都察院据情下令地方复审，杭州知府和浙江巡抚杨昌濬先后都亲自审讯。杨、葛二人料定翻案无望，屈供如前。结果维持原判。

《申报》于1874年10月27日转载《京报》题为"都察院御史广寿等奏余杭民妇杨詹氏呈控诬陷毙命等情请旨饬办"一文，传播迅速，反响极大，不少人为他俩鸣不平。杨家姑嫂再次上京申诉。都察院批准了诉状，并转奏朝廷。《申报》又将诉状刊登，引起人们更大的关注和反响。

此系农耕社会常见的民间刑事案，但当慈禧太后知道后，她为表达自己特有的权势和睿明，特别想通过此案，杀鸡儆猴，扳倒一大批汉族地方官吏，于是命将杨乃武、小白菜和审理的各级官员，全数送来北京。相传她曾破顾面审小白菜，为照顾她坐牢多年遭摧残的身体，特地恩赐一只小凳子，让她坐着细说。

这个案子还是翁同龢出主意解决的。翁同龢掌握了小白菜和杨乃武在逮捕后，从未关在一起，也从未一起过堂。就此故意把他们关在一起，自己和刑部躲在窗外偷听，从而掌握了两人都是被逼供信的，小白菜是受刘子翰指使陷害杨乃武的。

《杨乃武与小白菜》封面一种

杨乃武小白菜结案后，风靡东南，上海舞台即排演文明戏。杨乃武本人亦曾前来观看，此后几十年，各种戏曲、小说叠生。此乃20世纪40年代推出的据弹词名家严雪亭改编，由江栋良所绘连环画封面。

这是一个民间常有的刑事案，却历时三年始得大白。杨乃武与小白菜无罪开释，但杨乃武被革除了举人。刘锡彤发配黑龙江。刘子翰投海死。杨昌濬罢官闲居。

杨乃武自此住在乡间，再不求功名，一度曾从事养蚕缫丝。据称他后来还到过上海，在申报馆当编辑，还观看了十里洋场剧场正演出的文明戏《杨乃武和小白菜》；小白菜回家后，即出家为尼。

> 历史文化百科

〔清末四大奇案〕

通常有说是指"张文祥刺马"，"杨乃武与小白菜"，"南京三牌楼换肋骨案"和"湖北武昌府某县告忤逆案"。"刺马"因系一草芥小民冒死刺杀总督，有涉及政务之嫌；其余都是当时常见的民间案件："换肋骨"，指某米店伙计为某哨官踢伤身死，其妻到北京告御状，终于查清因肋骨受伤害身死事；"告忤逆"，出自儿子误打母亲，为舅告官府，最后被钦令为重案。此四案都发生在同治末、光绪初期，都上达天庭，曾在朝野闹得熙熙攘攘，最后还都由西太后亲自审定、拍板；四案中除了"刺马"，还牵涉到一大批地方各级官员和京官。

○五二

北洋水师

北洋水师是近代中国最为强大的水师，在当时亚洲也是名列前茅的。李鸿章为它呕尽心血。

购舰时的"精明"

　　直隶总督李鸿章紧锣密鼓地筹划着向列强购买舰艇。早在七八年前，清廷曾经有过一次购买舰船的经历，由于当时的官员都不知洋务，也有的官员办事并不出于公心，致使清朝政府吃了许多哑巴亏。现在旧事重提，虽然有很多困难，但出于保卫北京的安全，朝廷上下还是决定要购买一些坚固而先进的舰艇。

北洋海军提督衙

北洋海军提督衙建于1887年，砖檩架结构，依山而建，中轴线上三进院落。每进有中厅、侧厅、厢房，其间又有廊庑相接，曲漫回环，浑然一体，这一组建筑成为爱国主义教育基地，提醒人们不忘国耻。

　　吃一堑长一智。李鸿章通过那些熟识的英国官员中介、磋商，几次派人去英国考察。经过看设计稿、看样、议价、定货等购买舰艇所必须具备的一系列手续后，最后议定要购买排水量360 吨、装有11英寸口径重26吨大炮的军舰两艘，以及排水量440吨、装有12英寸口径重38吨大炮的军舰两艘。1876年6月24日，由几位英国皇家海军的资深舰长驾驶了两艘360吨的战舰，经过了万里风浪的考验，终于抵达了天津的大沽口。李鸿章偕同其他官员和专业技术人员到现场验收。第二年，两艘440吨的战舰也由英国的舰长驾驶着进了大沽口。李鸿章面对新购的战舰，抑不住心头的喜悦，在向朝廷上奏时说："所有

李鸿章　智慧　《清末海军史料》
丁汝昌　勇敢
邓世昌　屈辱

人物　关键词　故事来源

北洋海军提督署址

炮位、轮机、器具等件均属精致灵捷。"并为它们命名了"龙骧"、"虎威"、"飞艇"、"策电"等象征勇武和速度的舰艇名。后来又陆续购买了"镇北"、"镇南"、"镇东"、"镇西"、"镇中"、"镇边"等舰艇，还由江南制造局和福建船政局自行制造了不少船舰，有的是仿制了英国、德国最先进巡洋舰。北洋水师总共拥有各类舰船25艘，由丁汝昌任提督，舰长和艇长则全由保送留英回国的学生或清朝自己培养的专业技术人员担任。

李鸿章在购船和造船时充分显露了他的才华，号称精明。一方面他在议定购船章程时做到了价廉物美，另一方面是他想让北洋水师在当时处于领先的地

威远炮台旧址

鸦片战争是中国近代史上的浓墨画卷，当年的炮火硝烟依旧在人们的记忆中弥漫，在威远炮台旧址上，如今是那么宁静，大炮几乎就是一种"雕塑"，但谁又能忘记在炮火中浴血奋战的先驱，他们可歌可泣的业绩必将千古流芳。

济远舰前主锚

一场"甲午海战"，给国人敲响了警钟，落后就要挨打，只有强国富民才是唯一出路。1998年打捞出水的济远舰前主锚，高2米，重1.5吨，就像一件雕塑作品，向人们讲述那深沉的往事。

位。可是他万万没有料想到在购买炮弹时出现了劣质、口径不符等现象，为北洋水师的覆灭种下祸根。

长崎事件

当日本海军得知北洋水师的情况后，深受刺激，连续八次提出海军扩张案。并且在国民教育中向中小学生灌输军国主义，把中国作为假想敌。出于要了解北洋水师的目的，日方邀请北洋水师访日。北洋水师于1886年和1891年两次出访日本。

河间府演大操（清末年画）

1905年10月末，清政府抽调两万多军兵分成两队，一队由王英楷任总教官，由山东北上，一队由段祺瑞任总教官，由保定南下，最后在河间府（黄河与永定河之间）会合操练，并举行阅兵典礼。朝廷派出袁世凯和铁良为阅操大臣，各省亦派代表观操。

当舰队第一次抵达长崎时，市民产生了羡慕和妒忌之心。北洋水兵上岸嫖妓、购物，由于言语不通，发生了纠纷，引来日本警察同北洋水手的冲突。过了两天，北洋水师放假，为避免再次冲突，李鸿章和丁汝昌不准水兵携带枪械。当水兵散布在长崎市内时，蓄意报复的日本警察和市民堵住各街口，日警用刀棍乱砍乱打，有的市民还恶作剧地从楼上倒下开水，致使许多水手被烫伤。手无寸铁的北洋水兵同日警展开殊死搏斗。结果北洋水兵死了5名、重伤6名、轻伤38名、5人失踪；日警死1人、伤30人。北洋水兵吃了亏。在同长崎县政府的交涉下，认为是言语不通造成的，并不需分是非，对中方死伤者发放了抚恤金。北洋水师第二次访问日本时虽然未发生什么争斗，可是让日本海军军官发现了水师在管理和武器保养方面的问题。

北洋水师的两次访日，在清朝方面是为了扬龙威，在日本方面却是为了了解清朝水师的实力。结果是日本了解到差距后奋力直追，而大清帝国却在为太后祝寿，沉醉于歌舞升平之中。

昭忠祠大门

昭忠祠位于福建福州马尾马限山东麓，红墙碧瓦，是1885年为纪念甲申中法海战中马江海战阵亡的官兵，由署理船政大臣张佩纶奏请清廷而建，次年落成。门前的大炮是将士们威武的象征，祠堂的红墙就是将士们洒下的热血，当年激昂的战歌，似乎还在耳畔回荡着。

公元1871年 公 元 1 8 7 1 年

旅顺海滨

○五三

福建水师

船政局总理大臣沈葆桢

就在江南制造局造出的第一艘轮船"黄鹄"号下水不久，浙闽总督左宗棠向朝廷连上两道奏章，要求建立福建船政局。由于奏章写得好，皇帝谕曰："所见远大，理当如此。"1866年12月23日在福州的马尾破土动工，经一年半的努力，建成了学堂、厂房、船坞、工人住宅、教堂等八十余所建筑物，船政局成立。由福建侯官人、江西巡抚沈葆桢担任总理大臣。按清律，本地人不能在本地任职，而清朝批准他任此职，可见朝廷对他宠信有加。

沈葆桢并没有辜负皇恩，上任伊始，便在衙门口贴一副对联：

以一篑为始基，自古天下无难事；

致九译之新法，于今中国有圣人。

沈葆桢所作的这副对联表达了他处事为人的雄心壮志。船政局刚开张时，有些人无法无天，偷窃者有

福建水师建于清朝前期，发展为近代舰队则同马尾船政局密不可分。船政局所造的舰艇，主要用于福建、浙江和两广的海防。

之，贪污者有之。以镇压太平军有功而成为封疆大吏的沈葆桢，择机处斩二人，杀鸡儆猴，加强管理，才使左宗棠制定的章程得以实行，以至于连外国专家也不无赞叹：船政局"绝弊清风"。

1869年6月10日午间，船政局自行设计和制造的第一艘战舰"万年清"号顺利下水，沈葆桢亲自登船试航。后来"万年清"号北上天津，接受验收，获得好评。沈葆桢抓紧造船，在短短的六年间就造成了"福星"、"伏波"等19艘舰艇。沈葆桢以卓越的政绩升任两江总督，其后继者也续写着船政局的篇章。

送出去，请进来

制造以轮机为动力的铁甲舰，驾驶着舰艇航海，指挥作战……都是西方的近代科技。缔造近代海军，迫切需要这方面的人才。马尾船政学堂是中国第一所近代海军学校，聘请外国专家担任教师，在当地挑选资质聪慧的孩童入学。后来还选派青少年留学。

其时的国人也把出国留

长门报捷（清末年画）

1884年8月，法军进攻台湾基隆，被清军击退。该月下旬，法军又突袭福建水师，福建水师在长门迎击法军，予以重创。

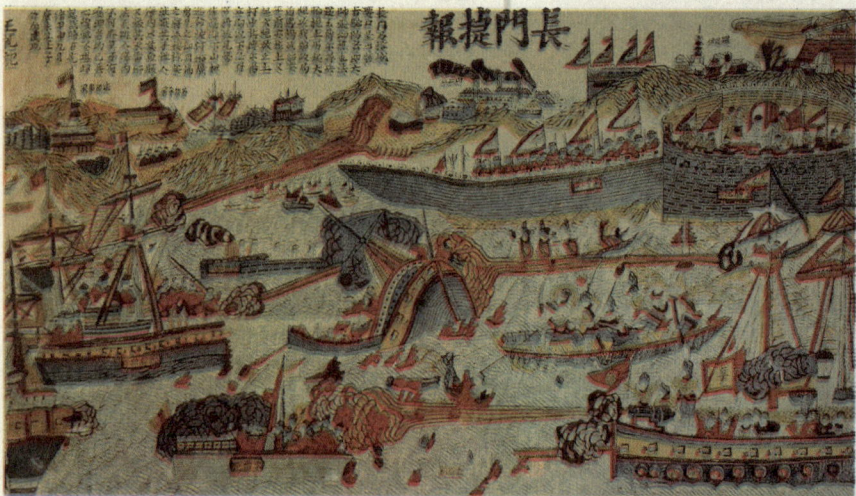

世界大事记　3月28日，巴黎公社成立。

左宗棠
沈葆桢　德政
陈英　法制

人物　关键词　故事来源

《清末海军史料》

学视为畏途，认为外国是"蛮夷之邦"，甚至有谣言说美国人会把中国人的皮剥下，"安在狗身上"。况且把这些十二三岁的孩子送到万里之遥的国度，一别十五年，要家长签字画押，父母们难以接受。詹作屏在为儿子詹天佑出具的保证书上写道："兹有子天佑，情愿送赴宪局带往花旗国肄业学习技艺，回来之日听从差遣，不得在国外逗留生理。倘有疾病，生死各安天命。"俨然一纸卖身文书。负责选派留美学生的容闳使出了全身解数，还是招不齐。无奈之下，返回老家动员乡亲们报名，结果还是没招满。后来他到香港招了几名，才勉强凑够数。

为显示大清威仪，留学生上岸时一身中式打扮：瓜皮帽，蓝缎褂，崭新的黑布鞋，排着队踏上了美国的土地。每人一条乌黑油亮的小辫子，引起美国人的好奇，每到一处总是观者如云。有的还指着小辫子高喊："中国女孩子！"这让小留学生们非常难堪，有的急得直哭。但从此刻起，他们的命运已经和中国海军的命运，乃至整个国家的命运牢牢地捆绑在一起。

马江海战

光绪十年（1884），中、法海军在福建马江发生了激烈的海战。马江，又称马尾，位于福建福州东南，是闽江下游的海军天然良港。马尾港是一河港，四周群山环抱，港阔水深，可泊巨舰。从闽江口至马江，距离30余公里，沿岸形势险峻，炮台林立，仅马江附近就有炮台7座，并有部分克虏伯大炮，防御能力较强。

《中法会议简明条款》签订后，法国侵略者并未满足，决定在军事上从海上进攻中国。进犯基隆没有得逞，后即调动全军准备进攻福州。法国海军中将孤

天津机器局

拔（1827—1885）率领舰队以"游历"为名，驶进闽江马尾军港。可是当时在闽的钦差张佩纶和船政大臣何如璋，唯恐影响中法"和议"和列强"调解"，竟听任法舰违犯国际惯例，甚至给以友好款待，还命令各舰："不准先行开炮，违者虽胜亦斩。"清朝的昏庸软弱贻误了战机。

孤拔趁落潮的有利时机，指挥法舰突然袭击福建水师。福建水师舰只未及起锚，就被法舰第一排炮弹击沉两艘，重创多艘。在十分不利的情况下，福建水师下层官兵英勇还击。"福星"号管带陈英指挥着全舰军士，高喊着"今日之事，有进无退"的口号，同法舰进行殊死的战斗。"福星"号把炮弹一排排地射向法国舰艇，它也避开了一枚又一枚鱼雷，最后它的螺旋桨被鱼雷击中，陈英中弹身亡。三副王涟继续指挥开炮，直到军舰带着熊熊大火沉入江底。其他战舰也有许多可歌可泣的事迹。江面战斗仅进行了近半小时，很快就以清军的失败而告终。福建水师兵船11艘、运输船19艘，全被法舰击沉、击毁，官兵阵亡521人，受伤150人，下落不明者51人。法军仅死5人，受伤15人，有两艘鱼雷艇受重伤，其余为轻伤。部分法军炮舰乘涨潮上驶，用大炮轰毁福州造船厂，使之变成一片瓦砾。此后几天，法舰驶向下游，逐次轰击闽江两岸炮台，炸毁无数民房，然后鱼贯而出，退至马祖澳（定海湾）。

○五四

首任台湾巡抚

法军入侵台湾，情势危急。刘铭传临危受命，不辱使命：台湾建省，被任命为第一任巡抚，海防坚固，吏治清明，经济发展

临危受命

1884年（光绪十年）中法战争爆发，刘铭传在家乡已经闲居了十四年，这时正忙于主持续修《刘氏宗谱》呢。就在此时，法军派兵侵占了越南北方后，又派海军中将孤拔司令率领远东舰队侵入中国东南沿海，企图侵占中国台湾，进而迫使清政府屈服。同年4月，清政府急召刘铭传进京，授以巡抚衔，全权督办台湾军务。刘铭传当即上奏《海防十策》，被清政府采纳后，随即整理行装，带上三十名旧部渡海抵达台湾，筹谋抗击法军，保卫台湾。

刘铭传晚年像

因幼时天花，脸部留下了稀稀拉拉的麻点，人称"刘六麻子"，盖兄弟行第排行第六，他也自言不讳。晚年和身后乡人仍称为"刘老麻子"。

基隆诱敌

7月16日刘铭传抵达基隆，一下船，他便开始巡视台北、沪尾（淡水）要塞炮台，察看军事设施，并与驻防诸将商讨防务。一番巡视下来他对临战前的台湾防务和守军素质非常不满意，立即向清廷提出在海口设

台湾人民拥戴刘铭传

刘铭传治理台湾卓有成效。他鼓励福建人民来台定居的同时，设立抚垦局，教授高山族人民先进的农业技术，提高了生产能力。由于他的政策深得民心，台湾民众都拥戴他。图为《刘铭传招抚台民图》，选自光绪末年刊印的《点石斋画报》。

> 历史文化百科

〔关防〕

官印的一种。取名于"关防严密"之意。

清制，正规职官用正方形的官印，称"印"，临时派遣的官员用长方形的官印即称"关防"。印用朱红印泥，关防用紫红色水，通常俗称紫花大印。地方总督、巡抚原先为朝廷临时派遣的官员，因此亦用关防。后虽成定格，但印仍袭用关防。

《清光绪朝中法交涉史料》
《清史稿·刘铭传传》

刘铭传　李鸿章　孤拔
爱国　勇敢　尊严
刘铭传　孤拔

人物　关键词　故事来源

孙夫人彰化大胜（清末年画）

1895年，刘永福在台湾彰化等地与当地义军联合抗日。其中孙夫人闻听自己的丈夫不幸阵亡，便召集部下，会同刘小姐驻扎中路，大败日军，枪挑倭将小松，克复彰化。

防、改建炮台、筹建海军、购买枪械等诸多建议，并利用战前的有限时间重新调整台湾的财务和兵力。

8月4日，法军统帅孤拔向基隆的中国驻军送来"劝降书"，遭到严词拒绝后立即率五艘军舰，向基隆逼近，密集的炮火一齐向基隆炮台轰击。此时此刻，刘铭传镇定自若，指挥守军予以抵抗。他心里有数，自己的军队"无兵舰，不能争锋海上"，虽然处于海上劣势，但是只要"诱之陆战"，便可"折彼凶锋"。在稍稍抵挡了一阵后，刘铭传下令守军撤出海滩，退至基隆山后。法军舰队误以为中国守军不堪一击，可以毫无顾虑地长驱直入。当天深夜，法军想趁天黑一举攻下基隆，于是派大批军队上岸。刘铭传立即下令

所部从东西两侧迂回包抄，三面夹攻，冲向敌人。毫无准备的法军被杀得七零八落，无还击之力，只得落荒而逃。刘铭传驻守台湾，首战告捷，"生擒法人一名，死伤不下百余，抢来军旗一面，乘势破其山头炮台，得炮四尊、帐篷数十架，洋衣帽甚多。"

台湾保卫战

基隆一战后，不堪忍受失败的孤拔一怒之下炸毁了福建马尾船厂，随后又封锁台湾海峡，断绝大陆的援助，企图使台湾处于孤立无援的境地。同年10月，孤拔再次率法军舰船向台湾基隆进攻。在久攻不下的情况下，又转攻沪尾（今淡水）。沪尾是台北的门户，战略地位较基隆更为重要。刘铭传经过缜密的考虑，决定"不为基隆一隅失台北大局"。下令炸毁基隆煤矿，从基隆撤兵，全力保住沪尾。但"撤基保沪"的

日本借口侵袭台湾

决定却不被大多数人理解。湘系将领孙开华等人激烈反对，淮系将领曹国忠等人甚至跪地哭谏。刘璈父子还煽动不明真相的番民滋扰闹事。但刘铭传毫不动摇，声色俱厉："不舍基隆，台北不保，吾计已决，罪谴吾自当之，有违令者斩！"

当法军轻易占领基隆后，却发现这里已是一片废墟。战舰得不到足够的补给，无法长期作战，孤拔不得不转而强攻沪尾。但刘铭传从基隆撤兵后，已重新部署驻台兵力，加强沪尾的军事设防，重新构筑坚固工事，架设新运到的大炮，准备在沪尾再次大败法军。

愤怒的法军大炮向沪尾疯狂轰击，刘铭传指挥守军以猛烈的炮火将法舰炮火压住，法军连攻七天，都未能得手。法军再次在炮火的掩护下，气势汹汹地向清军阵地扑来。刘铭传令老弱残卒去海滨迎战，且战且退，逐步将法军诱上岸来，然后在预设的伏击圈内，以优势的兵力分路合击，刹时，弹如雨下，杀声震天，"敌兵三面受攻，狂奔败北"。

不甘心在沪尾失败的法军，又于10月下旬增兵增舰，最多时竟达四千多人，兵舰二十多艘，封锁台湾的所有海口，妄图围困台湾，以图最后将其占领。刘铭传处此危难境地，毫不惊慌，他告诫守军将士"唯拼死守，保一日是一日"。他利用台湾多山的地形特征，筑墙挖洞，凭险固守，发动士绅、民众，出钱出力，

同治十三年（1874）日本借口渔民被台湾族人杀死，出兵袭击台湾，遭到台湾人民的反抗。日本侵占不成，委托英、美公使与中国说和。中日签订了《中日北京专约》，规定中国向日本赔款五十万两，承认日本侵台是"保民义举"，为日本吞并琉球埋下隐患。

和法军拼体力，拼消耗，打持久战。八个多月的周旋，把法军拖得筋疲力尽。不久，冯子材取得谅山大捷，中法战争的战局发生大逆转，法军再也无法在台湾盘桓了，不得不狼狈撤出台湾。台湾保卫战宣告胜利。

兴建台湾省

中法战争结束后，1885年（光绪十一年）10月，清政府将原来隶属福建省的台湾改设行省，刘铭传受命为首任台湾巡抚。对于台湾的建设他首先推行的是三项"急务"：一是办防。马上订购新式大炮三十一尊，在基隆、淡水、澎湖、台南等地兴筑钢铁水泥炮台；整顿军队，将台军统编为三十五个营，实行新式操练，以提高战斗能力；在台北设立军械机器局，创办了台湾第一家机器厂，除生产枪炮弹药外，还生产民用机械，增强了台湾的防卫力量。二是"清赋"。他设"清赋总局"，选派得力官兵三十名，分赴各县，丈量土地，清查了地主瞒报的田产及洋商的漏税，使台湾的财政收入由每年的十万两白银增至三百万两。

福建台湾巡抚关防

光绪十年（1884），刘铭传取得沪尾大捷后补授福建巡抚，仍驻台湾督办防务。翌年，清廷将福建省台湾府改建为台湾省，刘为首任巡抚，光绪十二年（1886），派专使赴北京领取改铸的"福建台湾巡抚"关防，并于第二年正式启用。

三是"抚番"。他制定"示威怀德，一视同仁"的民族政策，大力"开山抚番"，招抚"番民"八百八十余社，计有十五万人，实现了全台的政令统一。

刘铭传在台湾任巡抚期间注重教育。在台湾"抚番"时，专门在抚垦总局及数十个分局设立"番学堂"，推行对少数民族的文化教育。1887年在台北开办了"西学堂"，开设了数学、理化、测绘、历史、地理等课程，除开设汉文外，还聘请外国教员讲授外语。1890年又办了"电报学堂"，专门教授学习电讯技术。刘铭传还由巡抚兼任学政，主持考试，选拔人才。

1886年，台湾设立了"轮船招商局"，方便了海上交通；接着又设立了"全台铁路商务总局"，兴建了基隆至台南的铁路，方便了陆上交通。1887年台湾设立了电报局，铺设了台北至福州，安平至澎湖的海底电缆数百公里；又架设了基隆、台北至台南的陆上电报电话线路数百公里，方便了岛内与大陆之间的通讯联络。1889年台北创办邮政局，并在全台各地设立多个分局，还购置两艘邮轮，以运送大陆及海外的邮件。

除此而外，刘铭传还注意开发台湾资源，进行经济建设。他设立煤务局，整顿基隆旧矿，投银四十万两，购买新式机器开采，并拟筹资另开新的矿井；在苗栗、后垅等地发现石油后，马上设立煤电局进行开采。蔗糖和茶叶是台湾大宗出口商品，过去一向为英商垄断，刘铭传组织本国商社与之对抗，夺取中国应有的商贸权利。刘铭传为台湾巡抚的七年任期内，岛内经济发展，海防坚固，治绩为人称道，他为台湾省的历史谱写了光辉的一页。

中国近代邮政业务的发轫

光绪十四年（1888），刘铭传在台湾创办了近代国家邮政。邮政总局设在台北，邮票发行了"台湾邮票"和"邮政商票"两种，开办了全长434.5里的两条邮路。这是中国独立办理近代邮政业务的发端。图为《台湾设立邮政通告》。

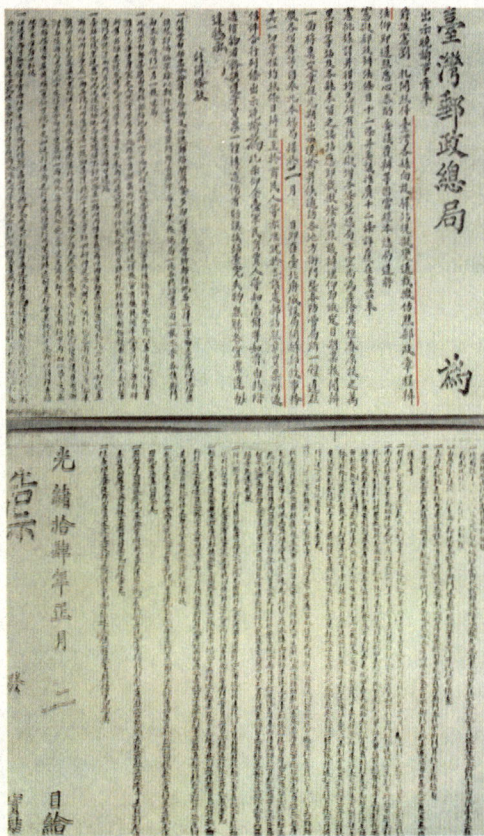

163

○五五

招宝山大炮

吴杰在海防重镇招宝山布重炮痛击法国军舰，孤拔受重伤而亡，法舰不敢再犯。

海防重镇

招宝山原名候涛山，后来因地处海口，"商船所经，百珍交集"而改称招宝山，寓招财进宝之意。它位于今宁波市镇海区，地处宁波甬江出海口，地理位置非常重要，历来被认为是海防要塞，素有"海天雄镇"、"浙东门户"之称。

明嘉靖三十九年（1560），为防御倭寇入侵，在招宝山建威远城，派重兵把守。之后在此不断上演军民抗击外来侵略者的英雄故事。著名的抗倭名将戚继光等，当年也曾在此屡建战功。

光绪九年（1883）法国政府为推行殖民扩张政策，蓄意挑起侵华战争。以孤拔为司令的法国远东舰队，由台湾、福建一路北上，逐渐逼近位于镇海口的招宝山。

吴守备初露锋芒

一场恶仗，在所难免。此时的招宝山已是战火迷漫，兵炮到位，一触待发。浙江巡抚刘秉璋亲至前线策划指挥，浙江提督欧阳利见亲驻金鸡山督师，宁绍台道薛福成将内政、外交、军务统一运筹。

欧阳利见是湘军宿将，善于陆战，但不谙海岸守卫，他凭经验，竭力主张拆卸一线主要火力，隐藏回避，然后伺机歼敌，而有些将领却主张发挥海岸大炮的威力，决胜在甬江口外，不容敌人一兵一卒登陆。其中有个守备吴杰也持此见。他甚至越级当面和提督辩论，力陈自己的主张。欧阳利见为稳固军心，下令要用军法处置吴守备。

这场争辩惊动了上司。巡抚刘秉璋也不同意欧阳利见拆迁一线重炮的计划。

镇海口攻防战

1885年初，孤拔率领四艘装甲巡洋舰，向镇海口逼近。吴杰得知消息后，深知此次战争形势之险恶，下令加固工事，备足弹药。在城内的家中，他清香素烛设祭，跪拜起誓：与敌人势不两立，如不击退敌人，则以身殉国，以告慰祖先的在天之灵。誓罢，吴杰

清广彩方罐形双耳花瓶
此物通高25.5厘米、口边长17.9厘米，产于清光绪年间，花瓶加盖，难怪要冠以"方罐形"了。这样设计，十分科学，用时打开，闲时加盖，仍为一件摆设，周身画满奇花异卉，还有珍禽飞虫，真是富有生机。

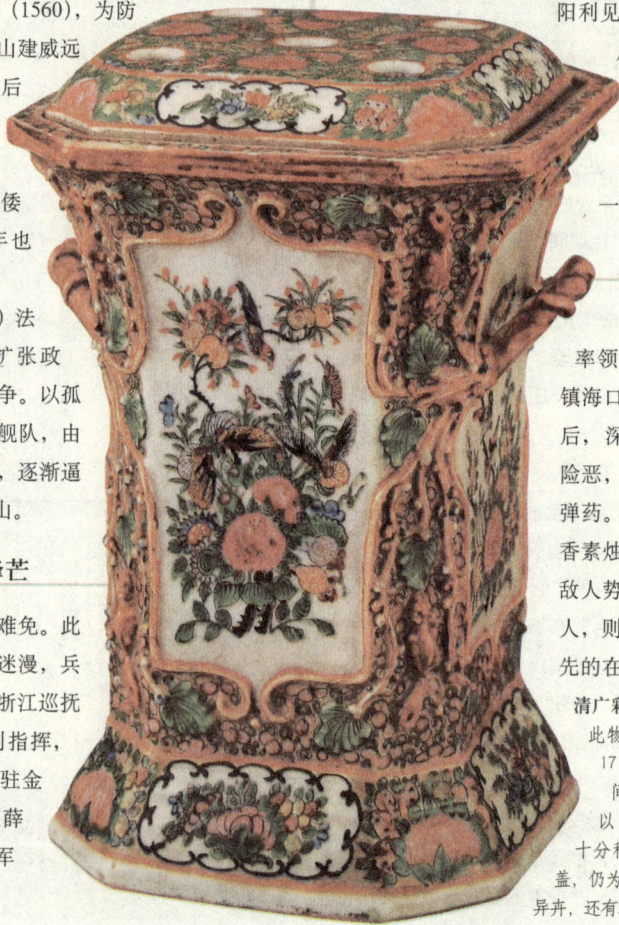

公元1874年

公元 1874 年

世界大事记

英国命戈登运征苏丹。

《清史稿·欧阳利见传》
《清史稿·欧阳利见传·吴杰传》

吴杰 欧阳利见 孤拔

爱国 勇敢 正义

人物　关键词　故事来源

圆明园海晏堂的生动铜像

这三件铜像都是圆明园海晏堂前的水力钟的构件，由欧洲艺术家设计，是中西方造型艺术相结合的产物。铜像在大气中富于细节表现，精致生动，栩栩如生，动物的面部表情充满了欢乐。

离家，留在军营，与士兵同吃同住，日夜操练巡查，时刻关注海面动向。

3月1日下午3时，四艘法舰排成一三队形，向招宝山猛冲过来，妄想一口气夷平山上的炮台。面对敌人的强大攻势，吴杰沉着指挥，果断号令，炮弹如雨点般飞向敌舰。一炮击中敌领头主舰"纽回利"的船头，为鼓舞士气，吴杰自己操炮，重炮再中敌领头主舰舰尾。连中两弹的敌舰再也招架不住，掉头逃遁，另三舰也慌忙尾随而去。首场激战以敌舰慌忙逃窜而告终。

清黄地五彩云鹤纹大碗（局部）

3月3日上午10时，孤拔又调来两艘增援军舰，再次猛扑到甬江口虎蹲山附近，直向招宝山发炮进攻。吴杰解甲撩袍，怒目圆睁，亲自发炮。呼啸的炮弹像长了眼似的连连击中敌舰，在强大攻势下，敌舰被迫降旗，宣布休战，狼狈逃窜。法舰司令孤拔在这次战斗中被击中，身受重伤，逃到澎湖岛后，因伤重不治而亡。

以后法国军舰虽又多次进攻招宝山，但终未能攻下关口。从3月1日一直到6月8日，中法镇海口攻防战，延续了一百零三天。

清军在中法战争中缴获的法军军服和护腿

〇五六

旗头刘永福

咸丰七年（1857），二十岁的刘永福参加天地会起义，后率众加入吴亚忠的反清起义军，任旗头，所部以七星黑旗为标志，号黑旗军。后由于清军的清剿，黑旗军三百余人被迫转入越南，移师滇越边境重镇保胜（今越南老街）一带驻扎。黑旗军在刘永福的领导下开辟山林，聚众耕牧，屯垦安民。队伍很快发展到两千余人，由于纪律严明，深受当地群众拥护。

纸桥大捷

光绪八年（1882），法国海军上校李威利率军侵占越南河内，扬言要沿着红河向北进犯中国，妄想建立一个包括越南和中国西南地区在内的所谓"东方帝国"。次年，法军占领越北南定省，直指越南北部和中国西南部。

当时，刘永福统率的黑旗军正驻守在中越边境。面对法国军队的入侵，应越南政府的要求，他们和越

黑旗军

本是反清势力，援助越南抗法；出于爱国赤诚，受清廷调遣，守卫台湾。

南军民并肩作战，同法国侵略军进行了坚决的斗争。

5月19日，在今越南河内城西二里处的纸桥，刘永福率领的黑旗军将士同法国李威利率领的四百名主力进行了一次交锋，刘永福派先锋杨著恩驻守在桥旁的关帝庙，黄守忠在庙后接应，准备伏击法军。两军交火后，面对侵略军炮火的猛烈轰击，杨著恩沉着应战，激励战士要拼死坚守关帝庙。当敌人的子弹打伤双腿时，他忍痛坐在地上继续指挥战斗，并坚持向敌人射击——右手受伤就用左手持枪，他使用的一支十六响手枪，先后击倒了十几个法兵，在打到十三响时，胸部中弹牺牲。法军攻陷关帝庙与黄守忠部激战，这时埋伏在大道两侧的黑旗军将士蜂拥而出，与敌人展开肉搏战。法军大溃，李威利在逃奔时落马，被黑旗军将士追上，他急忙脱帽摆手乞命，被一刀结果。

两国合好（清末年画）
中日甲午战争以中国失败而告终，并签订了令中国屈辱的《马关条约》。此幅杨家埠年画因作者消息闭塞，不了解时局，误以为因中方获胜而导致与日本签订《马关条约》。

世界大事记

越法和平同盟条约签订，越南沦为保护国。

《清史稿·刘永福传》
《刘永福历史草》

爱国　勇敢　正义

刘永福　杨著恩

人物　关键词　故事来源

刘永福水军大破法国水军
（清末年画）

纸桥战役仅以三个小时共消灭法军二百三十多人，乘胜收复河内。次年，越南国王授予刘永福三宣正提督之职，管理宣化、兴化、山西三省，设局保胜，榷厘税助饷。

为国效力

同治十年（1871），法国侵略军五千余人大举进攻越南，占领红河三角洲，后又进攻台湾基隆港，清廷被迫向法国宣战，授予刘永福记名提督的官衔。刘永福受命后即率黑旗军汇同清军联合包围宣光，至次年3月伏击法国援军，接着又在临洮大败法军，收复广威。与此同时，老将冯子材也在镇南关（今友谊关）重创法军，从根本上扭转了战争形势。

中法战争结束后，清政府在法国的压力下，于1885年4月到6月，连颁九道上谕，以赏给依博德恩巴图鲁名号，并赏给三代一品封典为诱饵，诱逼刘永

福回国。10月，刘永福率黑旗军三千人入关回国，清政府下令将黑旗军裁减大半，只留一千二百人。1886年4月，任刘永福为南澳镇总兵。此后，黑旗兵又被多次裁撤，最终只剩三百余人。

1894年7月，甲午战争爆发。因台湾地理位置重要，清政府命能打硬仗的刘永福赴台，协助台湾巡抚邵友濂办理防务。8月，刘永福率两营黑旗军赴台北，后又奉令移驻台南，所部增至八营，仍称黑旗军。次年反割台斗争起，刘永福被推为军民抗日首领。黑旗军在台湾与台湾军民并肩作战热血沙场，写下了可歌可泣的史诗。

刘军大胜法军（清末年画）

1873年，法军进犯越南河内，应越南政府约请，刘永福率黑旗军至越南与当地军民一起大败法军。

黑旗军首领刘永福

刘永福（1837—1917），字渊亭，广西博白县上思村人。1857年，他联络一批人参加了广西天地会的反清武装，后迁入越南，接受越南官职，同时亦听从清王朝的调遣。因用七星黑旗作为军旗，称为黑旗军。曾多次受命抗击法军，屡战屡胜，声名远扬。

中国大事记

1月，同治帝病死，载湉继位，以本年改元光绪。

镇南关大捷

近代中国对外战争有一次是打了胜仗，它就是冯子材指挥的镇南关大捷，但最后结局，却是做了败笔。弱国无外交，令人感慨系之。

退休老将出征

光绪十年（1884），中法战争爆发，前线各路清军挡不住法军，纷纷后撤。新任两广总督张之洞是积极主张抗法的，他推荐冯子材出山。

当时冯子材已从实授提督岗位上退休，国事蜩螗，他开始在家乡广西钦州举办团练，又主持广东高雷廉琼团练督办，正忙着操练呢。张之洞派员来聘，原先他已拒绝了重新带兵，这时只得挺身而出，超龄服役，带了两个儿子冯相荣、冯相华，召集了旧部出征了。

这年冯子材已是六十七岁了。

备战关前隘

清廷发表冯子材为帮办广西军务，督办是广西提督苏元春。苏元春虽是提督，但对冯子材还是尊重的。他曾经因畏敌，规劝冯子材放弃镇南关（友谊关），受到驳斥，但在前线各路将领要拥选一员主将时，向全军推举冯子材为前敌总指挥。

冯子材风尘仆仆来到前沿阵地后，经勘察地形，分析敌情，决定进驻关前十里处的关前隘。此处地势更为险恶，中间是关，两侧是悬崖峭壁，真是一夫当关，万夫莫开。冯子材当即命将士在隘口处抢筑了一条长达三里半的长墙，连接东西山岭，长墙外再深挖长壕，并在岭上赶修炮台多座。接着分军驻防，合击法军：以王孝祺军驻山后半里处，为第二梯队；苏元春军驻关内二十里的幕府，为西路；王德榜军驻关东的油隘，为东路，其余各路人马分别驻扎幕府近处的凭祥、海材和艾瓦，自己甘当强敌，带部队把守法军主攻处最猛的长墙和山头要塞。

镇南关大捷

冯子材布置妥当了。法军忽而前来偷袭，被苏元春部击走。冯子材乘机派军先行占领扣波，当偷袭的法军逃回扣波时，已占领扣波的清军乘势出击，把敌军打得落花流水，不得不退至文渊州。

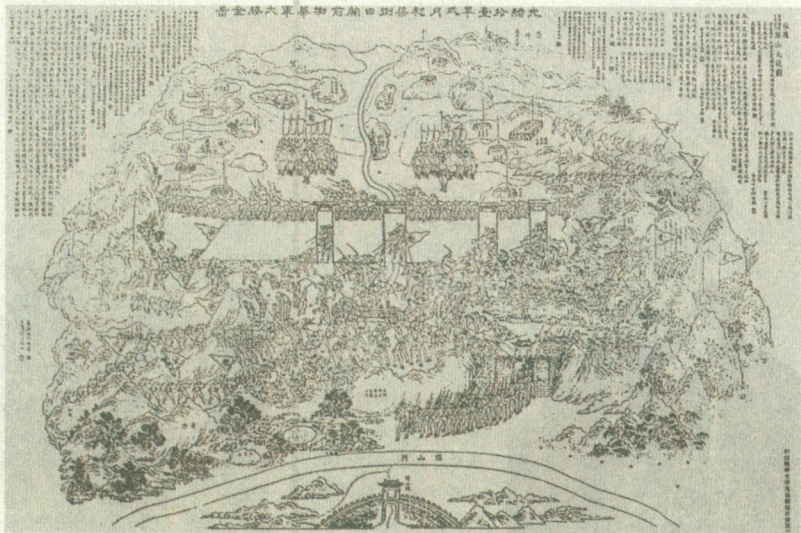

中国军队镇南关关前隘大捷

广西镇南关（友谊关）

岑帅监督夜复北宁得胜全图（清末年画）

在中法战争中，云贵总督岑毓英于1884年的农历四月初七夜率领清军在越南与法军激战，并收复北宁。

　　光绪十一年（1885）二月初七，法国司令尼格里由越南谅山倾巢出动，兵分三路进犯镇南关，其中夹攻东岭的法军，已将岭上的五座炮台攻陷了三座；一路猛扑关前隘长墙的法军，也在猛烈炮火掩护下贴近长墙，形势极为紧急。冯子材扬臂高呼："今天如果再让法寇闯进关内，我们还有什么面目回去再见两广父老！"在他激励下，守隘将士众志成城，纷纷冲出长墙杀敌，扼制了法军的攻势。

　　第二天，尼格里孤注一掷，率领法军来到关前，他让兵士们痛饮白兰地后，仗着烈酒

冯子材像

黄遵宪《冯将军歌》有描述冯子材镇南关身先士卒事："将军气涌高于山，看我长驱出玉关。平生蓄养敢死士，不斩楼兰兮不还。手执蛇矛长丈八，谈笑欲吸匈奴血，左右横排断后刀，有进无退退则杀。奋梃大呼从如云，同拼一死随将军。"

壮胆，再次向长墙猛攻，这次法军攻势更为猛烈，已有不少兵士越过长壕冲上了长墙。身穿短衫、脚登草履的冯子材在这千钧一发紧要关头，突然一跃而起，手执长矛，跳出长墙，他的两个儿子冯相荣、冯相华以及守隘将士也紧随其后，冲向敌阵喊声震动山谷，两军相逢勇者胜。法军的优势炮火再也无法施展。这时苏元春等军纷纷来援，前后夹击，法军全线崩溃。

　　二月初九日，冯子材下令总反攻。各路清军和越南军民从各个山头、丛林杀向败溃的法军。尼格里身受重伤，在担架上下令撤退。清军尾追败军，先后攻克了文渊州谅山、东梅、观音桥、陈嘉、王德榜军攻克谷松；西线滇军和黑旗军攻克临洮；中线唐景崧军攻克太原。法军精锐尽歼。消息传到巴黎，法国朝野大震，有人将法军在镇南关谅山战役的惨败与1815年拿破仑兵败滑铁卢相提并论。在冯子材军攻克谅山后两天，法国茹费理内阁垮台了。

　　可是正当前线清军正要光复河内，把残余法军赶出越南时，清政府突然下诏停战，打了胜仗却与敌议和。这真是晚清外交的怪事。

聚焦：1840年至1911年的中国

中国近代社会历史的基本问题、主要矛盾斗争，一是民族丧失独立，要求从帝国主义侵略压迫下解放出来；二是社会生产落后，要求实现工业化、现代化。

刘大年

中国的近代是一个最富思辨的时代，我们的祖辈对前此没有见到和亲历的新事物：轮船，铁路，学堂，地动说，进化论，民约论等等，哪一样不是经过艰苦的思辨而后承认的。千百种刊物和论著，无不是这种艰苦思辨的详尽记录。

陈旭麓

由戊戌变法发展为辛亥革命，中国第一次出现了以孙中山先生为首的知识分子集团的革命，真正出现了秀才造反，不但推翻满清，而且推翻了二千年来的专制。此一惊天动地的事件，若不想到与西方文化接触后所发生的伟大影响，便无法加以解释。这说明了科举下的知识分子的性格已开始了巨大的改变，历史的条件已开始了巨大的改变。

徐复观

近数十年来，自道光之季，迄乎今日，社会经济之制度，以外族之侵迫致剧疾致变迁；纲纪之说，无所凭依，不待外来学说之掊击，而已销沉沦丧于不知觉之间；虽有人焉，强聒而力持，亦终归于不可救疗之局。盖今日之赤县神州值数千年来未有之剧劫奇变；劫尽变穷，则此文化精神所凝聚之人，安得不与之共命而同尽，此观堂先生所以不得不死，遂为天下后世所极哀而深惜者也。

陈寅恪

清朝的衰机，是潜伏于高宗，暴露于仁宗，而大溃于宣宗、文宗之世的。当是时，外有五口通商和咸丰壬午、庚申之役，内则有太平天国和捻、回的反抗，几于不可收拾了。其所以能奠定海宇，号称中兴，全是一班汉人。即所谓中兴诸将，替他效力的。清朝从道光以前，总督用汉人的很少，兵权全在满族手里。至太平天国兵起，则当重任的全是汉人。

吕思勉

人们是否会把中国在19世纪衰落的结论依赖于他们对中国在20世纪的评价。那些为中国在20世纪彻底斩断了与过去的联系、变成了一个现代的向前看的社会而欢欣鼓舞的人，会

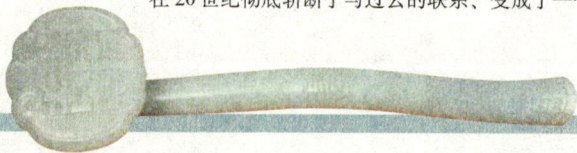

172

文苑泰斗，学术名家，聚焦于1840年至1911年的中国。他们以宏观或者微观的独到眼光，对清前期的政治经济和社会文化的各个层面作了深入浅出、鞭辟入里的解析。这些凝聚了高度智慧的学术精华，历经岁月洗礼，常读常新，是我们走进中国历史文化殿堂的引路人。

把中国在19世纪地位的持续衰落视为一个伪装的幸事：中央集权的官僚君主制、父系家庭和士大夫精英，都深深地植根于中国的文化和社会，以至用了100年的噩耗才撼动了他们对自己的信念，迫使他们认识到，变化不仅可能而且必需。

（美）伊佩霞

鸦片战争和《南京条约》是中国遭受帝国主义奴役的起点。中国社会从此发生了根本的变化。中国的主权被践踏了，中国封建经济遭受外国资本主义愈来愈严重的破坏和控制，中国社会开始转化成为半殖民地半封建社会。从此以后，中国社会的主要矛盾，除了原有的封建主义和人民大众的矛盾，又加上帝国主义和中华民族之间的矛盾，也就是最主要的矛盾。在另一方面，中国人民也就肩负起反对帝国主义、反对封建主义的双重任务。中国人民革命和一切反抗斗争都开始带上了资产阶级民主革命的性质。

翦伯赞

盖自清之中叶以降，中国渐感觉西洋人之压迫。西洋人势力之前驱，以耶教传教师为代表，其后继以军事政治经济各方面之压力。此各面之压力，在当时中国人之心中，引起各种问题。其中较根本者，即（一）西洋人有教，何以中国无之？岂中国为无教之国乎？（二）中国广土众民，而在各方面皆受西洋之压迫，岂非因中国本身，有须改善之处欤？当时有思想之人，为答此问题，即在思想方面有新运动。此运动之主要目的，即为自立宗教，自改善政治，以图"自强"。简言之，即为立教与改制。

冯友兰

戊戌政变，继以庚子拳祸，清室衰微益暴露。青年学子，相率求学海外；而日本以接境故，赴者尤众。壬寅癸卯间，译述之业特盛，定期出版之杂志不下数十种，日本每一新书出，译者动数家；新思想之输入，如火如荼矣。然皆所谓"梁启超式"的输入，无组织，无选择，本末不具，派别不明，唯以多为贵。而社会亦欢迎之；盖如久处灾区之民，草根木皮，冻雀腐鼠，罔不甘之，朵颐大嚼；其能消化与否不问，能无召病与否更不问也。

梁启超

图书在版编目（CIP）数据

枪炮轰鸣下的尊严（上）/汤仁泽著 . —上海：上海锦绣文章出版社，2014.2（2019.3重印）
（话说中国：普及版）
ISBN 978 - 7 - 5452 - 1280 - 8
Ⅰ . ①枪… Ⅱ . ①汤… Ⅲ . ①中国历史—清后期—通俗读物
Ⅳ . ① K 252 . 09
中国版本图书馆 CIP 数据核字（2013）第 062584 号

责任编辑　李　欣　顾承甫
特邀审订　盛巽昌
特邀审读　王瑞祥
特邀编辑　王建玲　侯　磊　刘言秋　李曦曦
整体设计　袁银昌　李　静　蔡　惟
摄　　影　徐乐民
图片整理　居致琪
印务监制　张　凯

书名
枪炮轰鸣下的尊严（上）
　　——1840年至1911年的中国故事
著者
汤仁泽
出版
上海锦绣文章出版社 · 上海故事会文化传媒有限公司
发行
上海文艺出版社发行中心
（上海市绍兴路50号　　邮编：200020）
印刷
北京一鑫印务有限责任公司
版次
2014年2月第1版　2019年3月第3次印刷
规格
787 × 1092　1/16　印张11
书号
ISBN 978 - 7 - 5452 - 1280 - 8/K · 455
定价
33 . 00元

告读者　　如发现本书有质量问题请与印刷厂质量科联系 T : 010—61424266